DANS LA MÊME COLLECTION

La philosophie de Thomas d'Aquin, par Ruedi Imbach et Adriano Oliva, 2009.
La philosophie de Francis Bacon, par Michel Malherbe, 2011.
La philosophie de Bergson, par Anne-Claire Désesquelles, 2011.
La philosophie de Nelson Goodman, par Jacques Morizot et Roger Pouivet, 2011.
La philosophie de Raymond Ruyer, par Fabrice Louis et Jean-Pierre Louis, 2014.
La philosophie de John Dewey, par Stéphane Madelrieux, 2016.
La philosophie de Descartes, par Denis Moreau, 2016.
La philosophie de Kant, par Antoine Grandjean, 2016.
La philosophie de Hobbes, par Philippe Crignon, 2017.
La philosophie de Schelling, par Patrick Cerutti, 2019.
La philosophie de Wittgenstein, par Mélika Ouelbani, 2019.
La philosophie de Sartre, par Philippe Cabestan, 2019.
La philosophie de Fichte, par Laurent Guyot, 2020.
La philosophie d'Aristote, par Gweltaz Guyomarc'h, 2020.
La philosophie de John Stuart Mill, par Aurélie Knüfer, 2021.
La philosophie de Bentham, par Jean-Pierre Cléro, 2022.
La philosophie de Franz Brentano, par Denis Fisette, 2022.
La philosophie de Spinoza, par Philippe Danino, 2023.
La philosophie de Rousseau, par Blaise Bachofen, 2024.

LA PHILOSOPHIE DE THOMAS REID

REPÈRES

REPÈRES PHILOSOPHIQUES
Directrice : Éléonore Le Jallé

LA PHILOSOPHIE DE THOMAS REID

REPÈRES

par
Angélique THÉBERT

PARIS
LIBRAIRIE PHILOSOPHIQUE J. VRIN
6 place de la Sorbonne, V e
2024

Imprimé en France
ISSN 2105-0279
ISBN 978-2-7116-3199-5
www.vrin.fr

ABRÉVIATIONS

REH, ou *Recherches : Recherches sur l'entendement humain d'après les principes du sens commun*
[REH, puis chapitre, section et page. Ex. : REH, V.VII, p. 97]
EPA : *Essais sur les pouvoirs actifs de l'homme*
[EPA, puis essai, éventuellement partie, puis chapitre et page. Ex. : EPA, III.II.V, p. 142]
EIP : *Essays on the Intellectual Powers of Man*
[EIP, puis essai, chapitre et page. Ex. : EIP, I.VI, p. 481]
EE : Edinburgh Edition of Thomas Reid
EEA : *Thomas Reid on the Animate Creation. Papers Relating to the Life Sciences*
EEC : *The Correspondence of Thomas Reid*
EEL : *Thomas Reid on Logic, Rhetoric and the Fine Arts. Papers on the Culture of the Mind*
EEP : *Thomas Reid on Practical Ethics*
EES : *Thomas Reid on Society and Politics*
EEM : *Thomas Reid on Mathematics and Natural Philosophy*
EEU : *Thomas Reid and the University*

LA VIE DE THOMAS REID

Pasteur, puis professeur d'Université, Thomas Reid développa sa philosophie en liaison étroite avec ses engagements ecclésiastiques et académiques. Sa vie fut à bien des égards le reflet du bouillonnement intellectuel de l'Écosse des Lumières (*scottish enlightenment*), dont la pensée philosophique se constitua en collaboration avec les Universités et l'Église presbytérienne. En savoir un peu plus sur la vie de Reid est donc un bon moyen de saisir la singularité de ce mouvement intellectuel. À ce titre, les recherches menées par les spécialistes de la période fournissent un éclairage précieux (voir les introductions de Alexander Broadie, Knud Haakonssen et Paul Wood aux volumes de l'*Edinburgh Edition* des œuvres de Reid). Elles montrent que les textes que Reid a publiés de son vivant ne sont que la partie émergée d'une intense activité intellectuelle, qui débordait largement de la philosophie de l'esprit. Elles complètent habilement le tableau de notre philosophe, en le représentant investi dans des réflexions diverses, qui furent toute sa vie des préoccupations profondes : ainsi en est-il des mathématiques, des sciences de la nature et du vivant, de l'éducation ou de l'économie politique. C'est là que se trouve l'originalité de Reid : pasteur, certes ; professeur d'Université, bien sûr ; mais il s'agissait surtout d'un esprit polymathe, constamment engagé dans l'étude approfondie de toutes les sciences, et souhaitant par là œuvrer au progrès moral et matériel de ses concitoyens.

LES ANNÉES DE FORMATION (1710-1737)

Thomas Reid naquit le 26 avril 1710 à Strachan (un village du comté de Kincardine, situé à quelques kilomètres au sud d'Aberdeen). La majeure partie de sa vie consista à rayonner autour d'Aberdeen, dont il ne s'éloigna définitivement qu'à cinquante-quatre ans pour s'installer à Glasgow. Son enfance se développa sous l'influence de l'Église presbytérienne. Son père, Lewis Reid, était le pasteur de la paroisse de Strachan. En Écosse, l'Église presbytérienne, d'obédience calviniste, était une religion d'État depuis 1688. Elle se caractérisait par sa rupture avec la tradition liturgique latine et l'épiscopalisme anglais, ainsi que par une certaine austérité dans les rites.

La fratrie de quatre enfants comptait également un frère aîné et deux sœurs. Tous les trois moururent sans descendance. La mère de Thomas Reid, Margaret Gregory (issue d'une fratrie de vingt-neuf enfants), mourut en 1732, alors que Reid vivait toujours au presbytère. Son père se remaria, et sept enfants naquirent de ce second mariage. Seules deux filles vécurent suffisamment longtemps pour se marier (avec des pasteurs).

Si les Reid furent le vivier de nombreux pasteurs, les Gregory offrirent une longue lignée de professeurs. Trois frères de Margaret furent professeurs (d'astronomie ou de mathématiques) et officièrent dans les Universités d'Oxford, de St Andrews et d'Édimbourg. L'un d'eux, David Gregory, fut un ami intime de Newton.

Reid se montra digne de ce double héritage. De 1720 à 1722, le petit Thomas étudia à l'école paroissiale de Kincardine. En 1722, il entama ses études au Marischal College d'Aberdeen, et ce pour quatre ans. Outre des enseignements en mathématiques et en grec, le jeune Reid reçut une formation en philosophie naturelle et morale, assurée par le philosophe et théologien George Turnbull. Reid fut très marqué par cet enseignement. Turnbull était particulièrement versé dans la philosophie de Berkeley. Il initiait également ses étudiants à l'application de la méthode inductive à la philosophie morale, sa devise étant : « *Account for moral as for natural things* » (Pope, *Essay on Man*, I. 162). Les leçons de Turnbull furent publiées en 1740, dans les *Principles of Moral and Christian Philosophy*.

Reid reçut ensuite une formation en théologie. Il fut ordonné pasteur en 1731, mais ne fut pas nommé immédiatement Ministre d'une paroisse. De 1733 à 1736, il travailla en tant que bibliothécaire au Marischal College. À la fin de cette période, il fit un voyage en Angleterre en compagnie de son ami John Stewart, professeur de mathématiques au Marischal College. Les deux hommes se rendirent à Londres, Oxford et Cambridge. C'est lors de cette pérégrination que Reid rencontra le mathématicien aveugle Saunderson, auquel il fera référence dans le sixième livre des *Recherches* (consacré au sens de la vue et au rapport entre l'étendue tangible et l'étendue visible). De toute sa vie, ce fut sa seule excursion hors de l'Écosse (si l'on excepte son mariage à Londres en 1740). Thomas Reid est incontestablement un philosophe du « cru ».

LE PASTEUR (1737-1751)

En 1737, Reid fut nommé pasteur à New Machar, à quelques kilomètres au nord-ouest d'Aberdeen. Bien que l'accueil fût hostile (à cause d'une opération de dénigrement menée par un autre pasteur), il parvint rapidement à faire taire les réticences : on l'appréciait pour son calme, sa générosité et sa bienveillance. Pour qui souhaite un tableau plus complet de ses vertus morales et intellectuelles, il faut consulter la biographie de Dugald Stewart (ancien étudiant de Reid, devenu ami) : *Account of the Life and Writings of Thomas Reid*, 1803 (repris dans Hamilton et dans EEU).

En 1740, Reid épousa sa cousine Elizabeth. D'un tempérament dévoué, celle-ci s'attacha très vite l'estime de la communauté. Elle fut sa compagne pendant cinquante-deux ans. Ils eurent six filles et trois fils. Quatre d'entre eux décédèrent très jeunes, des suites de maladies. Seule une fille, Martha, survécut à son père. Elle épousa en 1772 le Dr. Patrick Carmichael, fils de Gershom Carmichael, éditeur des textes de Pufendorf et professeur de philosophie morale à l'Université de Glasgow (avant que ne lui succédassent Francis Hutcheson, Adam Smith et… Thomas Reid).

Dans un cadre de vie simple et campagnard, les stimulations intellectuelles étaient minces. On pourrait donc penser que Reid s'adonnait au moins à l'écriture de sermons. Mais on ne trouve rien de tel dans ses manuscrits (Fraser 1898, p. 55). Son extrême humilité, qui confinait à une sorte de défiance à l'égard de lui-même, le conduisit tout d'abord à puiser dans les sermons de prêtres anglicans, dont il appréciait l'esprit de tolérance (John Tillotson, Samuel Clarke). Pour autant, sa vie intellectuelle n'était pas à l'arrêt. Il cultiva son goût de l'introspection et de la méditation au gré de fréquentes marches solitaires. Dans le jardin du presbytère, il développa sa passion pour les sciences de la vie : sa rigueur, sa patience et sa méticulosité furent un parfait terreau pour le jardinage et les observations botaniques. Comme le montre Paul Wood dans son édition des textes de Reid consacrés à la question

(EEA), Reid cultiva ce domaine de recherches jusqu'à la fin de sa vie, rendant compte par le menu de ses observations, et les reliant à une interrogation métaphysique plus générale, qui cherchait à préciser la nature du lien entre la matière, la vie et l'action consciente et volontaire. Lecteur critique de l'*Histoire naturelle* de Buffon, il puisa dans ses expériences les matériaux et arguments pour récuser l'idée selon laquelle la matière serait intrinsèquement vivante et aurait le pouvoir de s'auto-organiser.

En 1748, Reid fit sa première incursion dans le monde éditorial : il publia dans les *Philosophical Transactions* de la *Royal Society* un essai intitulé « An Essay on Quantity (occasioned by reading a Treatise in which Simple and Compound Ratios are applied to Virtue and Merit) » (EEM). Dans cet essai, suscité par la publication vingt ans plus tôt de la *Recherche sur l'origine de nos idées de la beauté et de la vertu* par Hutcheson, Reid montre que la philosophie morale doit emprunter une autre méthode que les mathématiques, l'éthique n'étant pas une affaire d'équations. Il fait également quelques remarques sur le débat qui opposait alors les Newtoniens et les Leibniziens sur la mesure de la force d'un corps en mouvement. Notons qu'un an plus tôt Kant avait publié son premier texte dans lequel, s'en prenant à Leibniz, il s'attaquait au problème de l'estimation des forces vives (*Pensées sur la véritable estimation des forces vives*). Reid et Kant sont donc entrés dans l'arène philosophique par la voie du débat pointu en mathématiques et en philosophie naturelle.

Ce fut également au cours de cette période que Reid prit connaissance des écrits de David Hume (né comme lui un 26 avril, mais une année plus tard, en 1711). Hume publia le premier volume du *Traité de la nature humaine* en 1739. Cet ouvrage éveilla Reid à la possibilité du scepticisme et à la menace de paralysie intellectuelle qu'il constituait. Comme il le précisera plus tard dans la dédicace aux *Recherches*, il n'avait « jamais songé à mettre en question les principes qui avaient cours touchant l'entendement humain, jusqu'à ce que le *Traité de la nature humaine* fût publié en 1739 » (p. 24). Parallèlement, c'est la publication des *Essais philosophiques sur l'entendement humain* en 1748 qui sortit Kant de son « sommeil dogmatique » (*Prolégomènes à toute métaphysique future*, Ak. IV, 260). La lecture de Hume joua donc le rôle de déclic intellectuel pour ces deux philosophes des Lumières, dont les systèmes respectifs constituent deux manières de répondre au scepticisme (voir Seth Pringle-Pattison 1899).

LE PROFESSEUR (1751-1780)

La vie paisible et retirée à New Machar prit fin le 22 novembre 1751, date à laquelle Reid fut élu Régent au King's College d'Aberdeen, l'une des plus anciennes Universités du Royaume-Uni.

Conformément au système éducatif encore en vigueur, Reid prenait en charge la formation d'un groupe d'étudiants de façon quasi-complète, sur un cycle de trois années (cette formation faisait suite à un enseignement de latin et de grec, qui était dispensé en première année par un professeur spécialiste). Reid enseignait la géographie, l'histoire naturelle et les mathématiques en deuxième année, puis la philosophie naturelle (mécanique, astronomie, optique, électricité, hydrostatique), et enfin la philosophie (qui comprenait la psychologie, la philosophie morale et toutes les sciences afférentes : logique, rhétorique, politique, économie, beaux-arts, religion naturelle). Ce système prit fin progressivement en Écosse, mais le King's College en fut le dernier bastion (jusqu'en 1800), et Reid en fut un constant défenseur.

À Aberdeen, il trouva des interlocuteurs à sa mesure : au King's College (où son cousin John Gregory enseignait la médecine), ainsi qu'au Marischal College qui comptait d'éminents professeurs dans ses rangs, comme George Campbell (professeur de grec), Alexander Gerard (professeur de philosophie et de théologie) et James Beattie (professeur de logique et de philosophie morale). Reid s'est beaucoup investi dans la vie académique de l'Université, contribuant notamment à la réforme du cursus philosophique : il plaida en faveur de l'allongement de l'année universitaire et de l'étude de la philosophie morale *après* l'étude de la philosophie naturelle (les objets sensibles devant être étudiés avant les opérations de l'esprit, conformément à l'ordre de développement des facultés humaines). Il milita également pour qu'une place moins prépondérante soit accordée à la logique scolastique. À partir de 1758, il s'engagea dans différents cercles intellectuels. Il fut l'un des membres fondateurs du *Farming Club* (groupe de réflexion en agronomie), et l'un des fondateurs d'un cercle de discussion philosophique : l'*Aberdeen Philosophical Society*, ou *Wise Club*. S'y réunissaient entre autres George Campbell, James Beattie, John Gregory et Alexander Gerard. Le cercle se retrouvait en fin de journée deux fois par mois. En tant que secrétaire du groupe de discussion, Reid rédigeait les comptes-rendus de chaque réunion. Il était de coutume que l'un des participants y lût un texte rédigé pour l'occasion. C'est ainsi que germèrent des contributions qui prirent par la suite la forme de publications : les *Recherches sur l'entendement humain d'après les principes du sens commun* de Reid, l'essai de Beattie sur la vérité (*An Essay on the Nature and Immutability of Truth, in Opposition to Sophistry and Scepticism*, 1770), les essais de Gerard sur le goût et le génie (*An Essay on Taste*, 1759 ; *An Essay on Genius*, 1774), ou encore les ouvrages de Campbell sur les miracles et la rhétorique (*A Dissertation on Miracles*, 1762 ; *The Philosophy of Rhetoric*, 1776). La seconde partie de la réunion était consacrée à la discussion d'une question sur laquelle les participants s'étaient accordés en amont. La discussion des thèses de Hume en constituait le principal aliment. Dans une lettre adressée à Hume, Reid lui confia d'ailleurs que si d'aventure ce dernier envisageait de ne plus écrire sur la morale, la politique ou la métaphysique, les membres de cette petite société philosophique se trouveraient bien démunis (EEC, n°21, 18 mars 1763).

Reid soumit à Hume une partie de ses arguments, qu'il lui adressa par l'intermédiaire d'un ami commun, le Dr. Blair. Mais Hume lui répondit de manière assez évasive (EEC, n°20, 25 février 1763). Reid lui précisa alors qu'il cherchait à trouver un juste milieu entre la confiance et le désespoir (*I wish to preserve the due mean betwixt confidence and despair*, EEC, n°21, p. 31). Cette remarque nous fournit une clé de lecture importante pour appréhender son œuvre : car si Reid voulait contrer les tendances sceptiques qui découlaient d'une certaine manière de concevoir la vie de l'esprit, il ne souhaitait pas pour autant verser dans l'extrême inverse et cultiver un surcroît de confiance dans les pouvoirs de l'esprit humain. Reid était conscient des limites de l'esprit humain et du caractère provisoire de nos connaissances. L'erreur serait d'en faire le chantre d'une approche dogmatiste et *présomptueuse*, tout aussi radicale que le scepticisme qu'il s'efforçait de combattre. Alors que la philosophie du sens commun a souvent été critiquée pour son arrogance, son principal représentant exhortait constamment à la modestie.

Malgré les tentatives courtoises de Reid et la grande estime qu'il avait pour Hume, ce dernier n'a pas donné suite à ses invitations à la discussion. Bien que contemporains et compatriotes, Hume et Reid n'ont pas développé d'accointance particulière. La faute en revient certainement à des tempéraments philosophiques différents (l'athéisme et l'impatience de Hume ne trouvant pas d'écho dans la piété et le calme de Reid). Mais cette discussion manquée est surtout à mettre au compte d'un mauvais *timing*. Les arguments de Reid arrivèrent trop tard. En 1763, Hume savourait le succès de ses *Essais moraux et politiques* et de son *Histoire d'Angleterre*. C'est également l'année où il endossa la fonction d'ambassadeur à Paris, s'éloignant encore plus de ses préoccupations philosophiques de jeunesse. Enfin, Hume reprocha à Reid et à ses acolytes du *Wise Club* de baser leurs discussions sur le *Traité de la nature humaine*, texte qu'il avait pourtant répudié, estimant que c'était l'*Enquête sur l'entendement humain* qui exprimait le mieux ses idées en métaphysique.

C'est donc au sein du *Wise Club* que Reid fourbit ses premières armes contre la philosophie sceptique. Ses arguments virent leur audience s'accroître avec la publication des *Recherches* en 1764. Reid n'était décidément pas un homme de la précipitation : il publia son premier grand œuvre à cinquante-quatre ans. Quoi qu'il en soit, dorénavant son expertise était reconnue, si bien que la même année il se vit proposer la chaire de philosophie morale à l'Université de Glasgow. Il accepta cette charge, qu'il remplit jusqu'en 1780.

En prenant ses fonctions à Glasgow, Reid s'inscrivit dans une lignée d'illustres philosophes-professeurs d'Université : à Glasgow, il prit la suite d'Adam Smith, qui avait officié à la chaire de philosophie morale de 1752 à 1764, poursuivant l'héritage de son professeur Francis Hutcheson, qui avait lui-même été titulaire de cette chaire de 1729 à 1746. L'année où Reid prit son poste à Glasgow, Adam Ferguson accéda à la chaire de philosophie morale à l'Université d'Édimbourg, chaire qu'il céda par la suite à Dugald Stewart. Finalement, à part l'infortuné Hume (dont la candidature à une chaire d'éthique et de philosophie pneumatique à l'Université d'Édimbourg n'avait pas été retenue), la plupart des philosophes écossais du XVIIIe siècle étaient des professeurs d'Université. C'est d'ailleurs l'un des traits saillants de cette période : en Écosse, les philosophes n'étaient pas par principe hostiles aux institutions académiques, politiques ou religieuses ; ils en étaient partie prenante. Les *literati* (hommes de lettres et de sciences qui contribuèrent aux Lumières écossaises) étaient souvent les membres d'une ou plusieurs de ces institutions. Sur ce point, on est loin du contexte français dans lequel l'Université, au service de l'Église catholique, était considérée comme un obstacle à la propagation des idées des Lumières. Les *literati* ne vivaient pas dangereusement (ils ne risquaient pas l'emprisonnement, et leurs ouvrages n'étaient pas soumis à la censure, à l'instar d'un Diderot ou d'un Voltaire). Certes, là où les philosophes des Lumières en France flirtaient avec le déisme, voire l'athéisme, les philosophes écossais étaient majoritairement calvinistes. Ils ne constituaient donc pas une menace pour l'Église d'Écosse. Pourtant, même Hume (dont le scepticisme en matière de religion n'était un secret pour personne) n'a jamais été inquiété pour ses idées (il fut toutefois écarté des fonctions académiques). Il régnait en Écosse un indéniable esprit de tolérance (Broadie 2012, p. 6).

La culture de cette approche critique et rationnelle fut favorisée par l'implantation des Universités. Dès la fin du XVIe siècle, l'Écosse accueillait quatre grandes villes universitaires, ce qui était remarquable pour un territoire comptant si peu d'habitants (700000 personnes au début du XVIe siècle) : l'Université de St Andrews fut fondée en 1411, celle de Glasgow en 1451, et elles furent suivies en 1494 par le King's College d'Aberdeen et en 1582 par l'Université d'Édimbourg. C'est dans ce cadre que la philosophie s'est constituée et instituée, tout en étant également discutée dans des clubs ou cercles privés. De plus, contrairement aux Universités d'Oxford ou de Cambridge, les Universités écossaises étaient ouvertes aux enfants des classes moyennes inférieures, ce qui favorisait une certaine perméabilité sociale. L'inscription n'était pas conditionnée à l'adhésion à un système d'opinions religieuses, ce qui encourageait la liberté d'esprit et l'honnêteté. Enfin, les professeurs d'Université contribuaient activement à la diffusion de la pensée de Newton et ils proposaient la création de nouvelles chaires (spécialisées en chimie ou en agriculture), perçues comme des outils pour le développement économique et la modernisation de l'Écosse. Bref, la politique éducative et la Réforme favorisèrent le développement d'un climat intellectuel effervescent et industrieux, auquel toutes les couches sociales participaient. Le contexte politique y fut également pour quelque chose. À la faveur de l'Acte d'Union de 1707 (qui signa l'union des parlements d'Écosse et d'Angleterre), Glasgow acquit une place incontournable au sein du marché de l'Empire britannique. Toutefois, Reid ne perçut que les premiers frémissements d'un tel changement. Quand il s'installa à Glasgow, il s'agissait encore d'une ville de taille modeste, d'à peine trente mille habitants.

À Glasgow, contrairement au King's College d'Aberdeen, le principe de la spécialisation de l'enseignement avait été adopté dès 1727. Par conséquent, Reid concentrait son enseignement sur la seule philosophie morale. Cela impliquait tout de même d'étudier l'ensemble des faits de la nature humaine. Les leçons de Reid portaient sur la pneumatologie (étude des pouvoirs intellectuels et actifs de l'esprit humain), la théologie naturelle, la morale, le droit naturel, la politique et l'économie politique. À cela s'ajoutait un cours de rhétorique. Dugald Stewart (qui eut Reid comme professeur en 1772) rapporte que le style professoral de Reid – tout en sobriété et gravité – détonnait par rapport à l'éloquence de son prédécesseur Adam Smith. La rhétorique qu'il déployait était simple et claire. En conséquence, les cours de Reid ne désemplirent pas.

Ses journées obéissaient à un programme immuable : Reid débutait ses cours dès sept heures trente et la journée se passait en leçons, études et réunions. Il prenait en charge deux groupes d'étudiants : un groupe tôt le matin, et des étudiants plus confirmés en milieu de journée. Il assistait parfois aux leçons de son collègue Joseph Black, professeur de chimie, se passionnant pour sa doctrine de la chaleur latente ; mais il regrettait de ne pouvoir le faire davantage, à cause de la lourdeur des tâches administratives et pédagogiques. En fin de journée, il reprenait ses marches actives, qui le conduisaient jusqu'à la colline surplombant la cathédrale et la ville (le site de la future nécropole).

C'est à cette époque que Reid se lia d'amitié avec Lord Kames (né Henry Home), avocat et juriste de formation, passionné d'agronomie. Quand Reid fit sa connaissance,

Lord Kames avait déjà publié ses *Essays on the Principles of Morality and Natural Religion* (1751), dans lesquels il anticipait certaines thèses que Reid développa plus tard dans les *Recherches*. En 1774, Lord Kames publia les *Sketches of the History of Man*, dans lesquels il inclut en annexe un texte de Reid, intitulé *A Brief Account of Aristotle's Logic, with Remarks* (EEL). Il s'agit du seul texte que Reid publia alors qu'il était en poste à l'Université de Glasgow. Après une présentation des traités qui composent l'*Organon*, Reid souligne que les règles de la logique aristotélicienne sont inefficaces pour progresser en sciences. Il leur oppose celles du raisonnement inductif exposées dans le *Novum Organum* de Bacon, dont une application systématique serait selon lui d'un grand bénéfice pour la science de l'homme.

LA RETRAITE : LE TEMPS DES PUBLICATIONS (1780-1796)

C'est en 1780 que Reid donna ses dernières leçons. Si l'heure de la retraite avait sonné, cela ne mit pas en suspens son activité intellectuelle. Bien au contraire, c'est au cours des années 1780 qu'il mit en forme ses notes de cours et publia les deux ouvrages qui lui assurèrent le plus de notoriété : les *Essais sur les pouvoirs intellectuels de l'homme* (1785) et les *Essais sur les pouvoirs actifs de l'homme* (1788). Les œuvres de la maturité sont donc des œuvres de vieillesse : Reid avait 75 ans et 78 ans au moment de leur publication.

Poursuivant une habitude cultivée pendant ses années de professorat, Reid continua de prendre part aux rencontres mensuelles de la *Glasgow Literary Society*. Au cours de cette période, il y présenta de nombreux textes, parmi lesquels « Some Observations on the Modern System of Materialism » et « Miscellaneous Reflections on Priestley's

Account of Hartley's Theory of the Human Mind » (EEA). Depuis la parution des critiques de Joseph Priestley en 1774 (*An Examination on Reid's Inquiry, Beattie's Essay, and Oswald's Appeal to Common Sense*), Reid avait peaufiné ses objections mais, fidèle à sa retenue, n'avait pas rendu ses réponses publiques. Dans ces textes, il souligne à la fois les implications métaphysiques et théologiques fâcheuses du système matérialiste de Priestley, et son point de départ erroné, car non conforme aux principes de la méthode newtonienne.

Devant la Société Littéraire de Glasgow, Reid présenta également l'essai « Of Power », dans lequel il développait ses vues sur la causalité efficiente, et un texte intitulé « Some Thoughts on the Utopian System » (1794), dans lequel il scrutait les événements faisant suite à la Révolution française. En 1795, il donna deux conférences sur le mouvement musculaire : « Experience on some of the Effects of Old Age on the Muscular Motions » et « Of Muscular Motion in the Human Body » (notant qu'une partie de ses remarques lui avaient été inspirées par l'observation de ses propres infirmités, EEA, p. 124). Enfin, dans les années 1790, Reid rédigea le « Statistical Account of the University of Glasgow », dans lequel il retraçait l'histoire de l'Université de Glasgow d'un point de vue administratif et pédagogique. Ce texte répondait à une commande et fut publié de façon posthume dans le *Statistical Account of the Universities of Scotland* (EEU).

Bien que se plaignant de fatigue et de complications physiques liées à son âge, Reid garda jusqu'au bout une forme intellectuelle et physique très enviable. Pourtant, il n'a pas été épargné par les tragédies intimes : les deux premières années de sa retraite furent marquées par le décès de ses deux fils. Sa femme décéda en 1792. Reid confia alors à Dugald Stewart qu'il se sentait déboussolé, « transporté dans une sorte de nouveau monde » (EEC, n°119, Mai 1792). Sa fille, Mrs. Carmichael, suite au décès de son mari, s'installa avec son père et s'occupa de lui. À cette époque, Reid se décrivait non sans ironie comme bien plus en forme qu'il n'aurait pu l'espérer : « je me promène, je m'occupe en lisant quelque chose que j'oublie aussitôt, je m'entretiens avec une personne si elle articule distinctement et se tient à moins de vingt centimètres de mon oreille gauche, je vais à l'église sans entendre un mot de ce qui se dit. Vous savez, je n'ai jamais eu de prétention à la vivacité, mais je suis toujours exempt de langueur et d'*ennui* [en français dans le texte] » (EEC, n°119, p. 230). L'été qui précéda son décès, on pouvait encore le voir s'adonner au jardinage ou à la résolution d'un problème de géométrie. Reid décéda le 7 octobre 1796, à l'âge de 86 ans, quelques années seulement après la parution de ses œuvres maîtresses. Initialement enterrés au cimetière de l'église Blackfriars, quand l'Université avait ses quartiers dans le centre-ville, ses restes ont été depuis transférés au Monument des Professeurs, dans la nécropole de Glasgow.

Le chef de file d'une école ?

En philosophie, les Lumières écossaises se structurent autour d'une commune méthodologie (l'induction), une même ambition (développer la science de l'homme) et un philosophe-pivot : Hume. En amont, ce mouvement plonge ses racines chez Hutcheson (dont l'étude de la nature humaine par l'induction et l'ouverture de la philosophie morale à des objets économiques firent forte impression sur Hume) ; en aval, une fois le *Traité de la nature humaine* publié, il s'agit de réfuter les thèses de Hume ou de proposer une alternative à ses arguments.

À tous ces égards, Reid est un philosophe écossais exemplaire. En particulier, il donne forme à une catégorie d'arguments visant à saper les fondements du scepticisme humien. Ces arguments s'articulent autour de l'idée selon laquelle il y a des vérités premières, évidentes par elles-mêmes, qui sont des prescriptions naturelles : les principes du sens commun. Une fois cette voie argumentative frayée, Reid se vit emboîter le pas par certains de ses collègues. Suite à la parution des *Recherches* en 1764, James Oswald publia en 1766 *An Appeal to Common Sense on Behalf of Religion*, et en 1770 James Beattie publia son *Essay on the Nature and Immutability of Truth, in opposition to Sophistry and Scepticism* (voir les deux premiers volumes de Fieser 2000). On en vint rapidement à associer les trois auteurs et à en faire les représentants d'une école philosophique typiquement écossaise : « l'école écossaise de la philosophie du sens commun » (selon Paul Wood, c'est Joseph Berington qui forgea cette expression en 1776. Voir Bow (ed.) 2018, p. 186). Pourtant, bien que connaissant leurs écrits respectifs, Reid, Beattie et Oswald ne se considéraient pas comme les membres d'une école, dont Reid aurait été le patron. Qu'importe, aux yeux de nombreux critiques, leur recours au sens commun justifiait qu'on les réunît. D'autres auteurs gravitaient autour de ce courant intellectuel, comme George Campbell. Plus tard, Dugald Stewart emprunta le même chemin avec ses *Elements of the Philosophy of the Human Mind* (publiés en trois volumes : 1792, 1814, 1827). Notons également le rôle décisif de William Hamilton. En éditant les écrits de Reid (*The Works of Thomas Reid, with Notes and Supplementary Dissertations*, 1846), il œuvra activement à la diffusion de sa pensée en Europe. Ses commentaires permirent d'établir un dialogue avec la philosophie de Kant, même si l'on peut regretter qu'ils présentassent aussi un « Reid Hamiltonisé » (Lehrer 1989, p. 6). Enfin, rappelons le rôle particulier de Lord Kames : il anticipa certains arguments de Reid, et au gré de leurs discussions et échanges épistolaires il participa au moins indirectement à l'élaboration d'une philosophie du sens commun.

C'est Joseph Priestley qui concourut à entériner l'idée selon laquelle Beattie et Oswald étaient les « perroquets » des thèses de Reid. Dans *An Examination on Reid's Inquiry, Beattie's Essay, and Oswald's Appeal to Common Sense* (1774), il fit une critique dévastatrice et malveillante de cette cohorte de philosophes qui, en ayant recours au sens commun, nous plongent dans l'obscurité au lieu d'expliquer la nature de l'esprit humain. En en faisant les hérauts du « nouvel empire du sens commun », il favorisa l'idée selon laquelle il s'agissait d'un triumvirat interchangeable. Ironie de l'histoire, dans les *Prolégomènes à toute métaphysique future* (1783), Kant enrôla Priestley à leurs côtés, estimant qu'ils étaient tous passés à côté des thèses de Hume (Ak. IV, 258-259). Kant reprocha à Reid et à sa clique de se référer au sens commun comme à un « oracle quand on ne sait rien alléguer de judicieux pour se justifier ». Reid, Beattie et Oswald étaient donc réunis pour le meilleur et pour le pire. Pourtant, les trois philosophes n'étaient pas de la même trempe. Ainsi, Oswald cultivait davantage la rhétorique que l'argumentation, convoquant l'autorité du sens commun sans en expliciter la nature (McDermid 2018, p. 28-29). De même, Beattie détonnait avec son style passionné. Il fut dès lors facile de caricaturer l'école écossaise du sens commun, en la présentant comme le refuge des suppôts du Christianisme, ou comme une doctrine bonne pour ceux qui préfèrent s'en tenir à un ramassis de préjugés dès que l'analyse bute sur la moindre difficulté. C'est ainsi que Reid devint le représentant d'une pensée paresseuse et acritique. L'incompréhension quant à la nature du sens commun, souvent associé à une intuition pré-philosophique non adoubée par la raison, poussa également des philosophes de la maison (comme James F. Ferrier, professeur de philosophie morale à l'Université de St Andrews) à critiquer les thèses de Reid. À un moment où l'on aspirait à une philosophie qui nous élevât, la philosophie allemande semblait mieux répondre à cette attente qu'une philosophie visant à nous maintenir au ras du sol des opinions.

En Allemagne, alors que l'*Essai* de Beattie fut très tôt traduit, la traduction des textes de Reid tarda (1782 pour les *Recherches*). La parution de la *Critique de la raison pure* en 1781, puis des *Prolégomènes*, rendit la réception de sa pensée encore plus difficile, celle-ci étant appréhendée via le prisme peu flatteur de Kant. Même si on note ici ou là des jugements positifs sur la philosophie de Reid (chez Friedrich H. Jacobi ou Gottlob E. Schulze), l'influence de l'idéalisme kantien était telle que la philosophie du sens commun ne convainquait pas en tant qu'alternative au scepticisme.

En France, comme Reid ferraillait avec un adversaire peu connu ou pas pris au sérieux (Hume), la discussion de ses textes se fit un peu attendre. Au début du XIXe siècle, Maine de Biran souligna l'apport des analyses de Reid sur la perception. Puis, Pierre Paul Royer-Collard introduisit ses textes dans son enseignement à la Sorbonne (1811-1812). Son élève Victor Cousin reprit le flambeau : il traduisit une partie des textes de Reid, publia un ouvrage (*Philosophie écossaise*, 1829 pour la première édition), dans lequel Reid reçut une place de choix, et il en fit un élément incontournable de sa philosophie éclectique. Son disciple Théodore Jouffroy poursuivit le travail de traduction, qu'il enrichit d'introductions substantielles (*Œuvres complètes de Thomas Reid*, 1836). Il fut suivi par son élève Adolphe Garnier qui, en 1840, soutint une thèse intitulée *Critique de la philosophie de Thomas Reid.* Bien qu'au fil des générations, la diffusion de la pensée de Reid fut de plus en plus accompagnée de la mise en évidence de ses faiblesses (on ne pouvait se satisfaire de l'absence de fondement rationnel des premiers principes), les thèses du philosophe écossais répondaient à une attente : en soulignant le caractère actif de l'esprit, Reid contrait le matérialisme et le scepticisme des idéologues, héritiers de Condillac.

Par la suite, la philosophie de Reid subit une relative éclipse. Elle retrouva une audience dans le monde anglo-saxon par le biais de George E. Moore et sa « défense du sens commun » (« A Defence of Common Sense », 1925). Aux États-Unis, l'enseignement universitaire étant arrimé sur le cursus écossais, les thèses de Reid étaient en bonne place. Cela déboucha sur leur appropriation par Charles S. Peirce, au sein d'un sens commun critique. À partir de là, on s'intéressa plus spécifiquement aux analyses de Reid consacrées à la croyance et à la perception (Roderick Chisholm). Reid devint également une source d'inspiration pour les défenseurs d'une épistémologie réformée, selon laquelle il y a des croyances religieuses de base, qui sont rationnelles en dépit de l'absence de preuves externes (Alvin Plantinga, Nicholas Wolterstorff, William P. Alston). Plus généralement, l'héritage reidien est cultivé par les théories de la connaissance qui font de la fiabilité des pouvoirs intellectuels une condition indispensable du savoir (Ernest Sosa, John Greco). La publication de journaux spécialisés, comme le *Journal of Scottish Philosophy* (anciennement *Reid Studies*), et le développement de centres de recherches dédiés (comme l'*Institute for the Study of Scottish Philosophy* à Sioux Falls, qui fait suite au *Center for the Study of Scottish Philosophy* de Princeton), témoignent du caractère incontournable des analyses de Reid, aussi bien en histoire de la philosophie moderne que dans les débats contemporains en philosophie générale.

LA PENSÉE DE REID

L'ÉTUDE DES POUVOIRS DE L'ESPRIT HUMAIN

Une philosophie de l'homme

La réflexion de Reid s'inscrit dans le champ de la psychologie philosophique : il s'agit d'étudier l'esprit humain. Dès l'ouverture des *Recherches*, Reid annonce vouloir faire l'anatomie de l'esprit humain : « Tout ce que nous savons du corps, nous le devons à la dissection et à l'observation anatomique ; et ce doit être par une anatomie de l'esprit que nous découvrirons ses pouvoirs et ses principes » (REH, I.I, p. 29). Une fois qu'on aura discerné les pouvoirs de l'esprit humain, ses facultés de connaître et ses principes d'action, on pourra les présenter dans un système (REH, I.II, p. 31-32).

Le choix de cet objet d'enquête est commandé par son caractère central : en effet, la connaissance des principes de la constitution humaine, c'est-à-dire des lois d'après lesquelles les hommes pensent et agissent, permet de progresser dans la connaissance des autres sciences, qui sont toutes plus ou moins reliées à l'esprit humain (les sciences et les arts mécaniques, mais aussi la peinture, l'art dramatique, l'art oratoire ou la politique, REH, I.I, p. 27). Sur ce point, Reid reprend un constat de Hume, qui fait de la science de la nature humaine la « capitale » des autres sciences (la logique, la morale, la critique, la politique, ainsi que les mathématiques, la philosophie naturelle et la religion naturelle ; *Traité de la nature humaine*, introduction, § 4-6). Du fait de son statut « pivot », il est urgent de développer la philosophie de l'esprit sur des bases saines.

Conformément à l'enseignement qu'il a reçu de Turnbull, Reid conçoit la philosophie de l'esprit sur le modèle de la philosophie naturelle. Par conséquent, il convient d'appliquer la même méthode d'investigation : l'induction. Là encore, Reid partage l'ambition de certains de ses prédécesseurs (Locke, Hutcheson, Hume) : tout comme Newton a ramené les mouvements des corps à quelques principes, il faut rendre compte des opérations de l'esprit humain à partir de quelques principes. Pour ce faire, il faut observer les phénomènes particuliers (nos pensées, opinions et perceptions), puis les reconduire à des lois générales (les premiers principes de notre constitution), avant d'expliquer d'autres faits particuliers à partir de ces lois.

La méthode expérimentale

La méthode expérimentale se recommande d'autant plus qu'elle trouve son fondement dans la nature de l'esprit humain. En effet, la pente naturelle de l'esprit est de partir de l'observation de faits particuliers et d'en tirer des lois générales. Les règles du raisonnement inductif sont donc des « maximes du sens commun » (REH, I.I, p. 28).

Reid se place explicitement sous le patronage de Bacon. Outre-Manche, le *Novum Organum* de Bacon (paru en 1620) fait office de discours de la méthode pour progresser en sciences. Il substitue la logique de l'induction à celle du syllogisme, héritée d'Aristote. Alors que cette dernière va à rebours de la marche familière de l'entendement (elle part du général pour en déduire des conclusions particulières), la logique de l'induction est ancrée dans l'observation des faits. Cette observation doit être « prudente », « bien étayée », « abondante, patiente et attentive », ou encore « très complète ». En philosophie de l'esprit, les faits ou phénomènes correspondent à une diversité de croyances, sentiments et passions, qui sont ensuite réduits à des lois générales.

Mais Reid veille au grain : le mouvement inductif doit être « sobre » (*chaste induction*, EIP, II.XVII, p. 211). Autrement dit, il doit être préservé de tout ajout de l'esprit humain. Car interpréter la nature, ce n'est pas l'anticiper. Il faut s'interdire toute hypothèse et excursion hors du domaine des faits. Pour autant, le recours aux conjectures n'est pas banni. Se référant aux « questions » de Newton (les *queries* de l'*Optique*), Reid montre qu'elles peuvent servir d'outils interprétatifs et orienter la recherche, si et seulement si elles sont soumises au tribunal des faits.

En jetant l'opprobre sur l'usage des hypothèses en philosophie, Reid présente la méthode de l'induction comme indissociable d'une certaine éthique intellectuelle. Quand nous enquêtons sur les faits de la nature, il faut brider notre vanité qui nous pousse à inventer des théories susceptibles de rendre compte de tout ce que nous observons. À Kames qui lui reproche de plaider la cause de l'ignorance et de promouvoir une doctrine décourageante, qui étouffe l'enquête, Reid réplique que c'est le signe de l'humilité propre à tout esprit philosophique (EEC, n°73, 16 décembre 1780, p. 140). L'enquête philosophique est peut-être une leçon d'abnégation, voire un « exercice humiliant » pour qui voudrait s'envoler avec les ailes de l'hypothèse (EIP, VI.VIII, p. 535), mais c'est la seule manière honnête de chercher le vrai.

Notons que l'introduction de la méthode expérimentale en philosophie de l'esprit ne passe pas sans quelque aménagement. En effet, l'observation des faits de l'esprit n'est pas aussi aisée que l'observation des faits matériels par les sens. Tout d'abord, nous ne pouvons observer que les faits de notre *propre* esprit (REH, I.II, p. 29). Or selon l'éducation reçue, l'esprit humain a des tours et manifestations variés, ce qui complexifie la mise au jour de principes *communs* à tous les membres de l'espèce humaine. De plus, même si les faits de l'esprit sont perçus par la conscience, c'est par la réflexion seule que nous pouvons les examiner et en faire des objets d'étude. La conscience ne nous donne qu'une vue superficielle des faits mentaux. Elle nous présente un « courant de pensée », dans lequel les phénomènes de l'esprit se succèdent rapidement (EIP, VI.I, p. 420). C'est à la réflexion attentive que revient le soin d'examiner distinctement les opérations de l'esprit, ce qui suppose que notre entendement soit parvenu à maturité. Enfin, les opérations de l'esprit humain ne se présentent pas de façon « simple et sans mélange » (REH, I.II, p. 32). Quand nous commençons à les observer, à certains égards il est trop tard : elles ont déjà pris le pli des habitudes et des associations, elles sont emmêlées les unes aux autres, tant et si bien qu'il est impossible d'observer leur genèse de façon exacte et ordonnée. Nous ne pouvons que reconstruire leur progrès de façon rétrospective.

PHILOSOPHIE ET SENS COMMUN

Les principes du sens commun

Reid nomme « premiers principes » ou « principes du sens commun » les lois générales de l'esprit mises au jour par l'enquête philosophique. Ces principes correspondent à des vérités que nous prenons tous naturellement pour accordées quand nous pensons et agissons.

> S'il y a, comme je le pense, certains principes auxquels notre nature, par sa constitution, nous pousse à croire et que nous sommes dans la nécessité de tenir pour accordés [*take for granted*] dans les affaires ordinaires de la vie sans être capables d'en donner une raison, c'est alors ce que nous appelons les principes du sens commun. (REH, II.VI, p. 52)

C'est ainsi que nous prenons pour accordées l'existence des corps matériels, l'uniformité du cours de la nature ou la fiabilité de la mémoire et des sens. Cette attitude qui consiste à prendre pour vraies certaines propositions, en dépit de l'absence d'un certain type de preuve, n'est pas une attitude inconsidérée, un saut de l'esprit qui se résoudrait à donner son adhésion à des propositions insuffisamment étayées : c'est une attitude naturelle au sens où, à un certain stade de notre développement, nous sommes irrésistiblement conduits à y croire. Ces croyances ou principes du sens commun ne sont pas acquis par l'expérience, le raisonnement, ou transmis par l'éducation. Ce sont des « jugements de nature [...] qui nous sont directement inspirés par notre constitution » (REH, II.VII, p. 56). Ce sont les « décrets immédiats de nos facultés naturelles » (EPA, III.III.VI, p. 197). Ces croyances sont à ce point instinctives que celui qui affirmerait en douter n'en continuerait pas moins dans la pratique d'être emporté par leur courant : le sens commun, « tel un irrésistible torrent », ne cesserait pas de le pousser (REH, II.VI, p. 55). Sur ce point, Reid s'accorde avec Hume : il y a de nombreuses croyances que nous ne pouvons pas manquer d'apporter avec nous au moment de juger et d'agir, quand bien même nous en constaterions le manque de fondement théorique.

Mais chez Reid, la naturalité des principes du sens commun est l'expression d'une norme : les hommes sont constitués de telle sorte que l'expérience éveille naturellement en eux certaines convictions. Les principes du sens commun ne sont pas simplement les croyances dont nous avons observé qu'elles sont partagées par la majorité des hommes, ce sont des croyances dans le cadre desquelles tout homme sain d'esprit *doit* penser. Ce sont des principes *constitutifs* de l'esprit humain (Rysiew 2002 ; 2021). Ils définissent l'espace logique en dehors duquel aucun jugement n'est possible. Dès lors, condamner et essayer de rejeter ces croyances (comme la croyance que nos sens sont fiables) revient à « essayer de voler », ce qui est « tout aussi ridicule et impraticable » (EIP, II.xx, p. 233). C'est comme si le sceptique voulait jouer à un autre jeu que celui défini par les règles du jeu de la vie humaine. Cette tentative est vaine et insensée, car c'est constitutionnellement impossible.

Les principes du sens commun sont le fondement sur lequel s'appuie tout raisonnement. À ce titre, ils méritent le titre d'« axiomes ». Leur « vérité est perçue immédiatement sans raisonnement, par tous les hommes parvenus à l'âge adulte » (EPA, III.III.vi, p. 196-197). De même que les mathématiques ont leurs axiomes (exposés dans les *Éléments* d'Euclide), et que les sciences de la nature ont leurs axiomes (exposés dans les *Principia* de Newton), la philosophie de l'esprit a une base axiomatique, qui prend la forme des principes du sens commun.

Puisqu'ils sont au fondement de la raison, on ne peut pas critiquer ces principes au nom de la rationalité. Ils correspondent en fait à un certain degré de la raison : une raison intuitive, qu'il faut distinguer d'une raison qui ratiocine. Cette précision est importante, car elle permet de contrer les procès en misologie intentés à Reid. Pour Reid, le sens commun est le « premier-né de la raison » (EIP, VI.II, p. 433), il recouvre ce qui peut être appréhendé par tout homme doué d'entendement commun et dépourvu de préjugé. Par conséquent, quand il fait état d'une guerre ouverte entre le sens commun et la raison, Reid a en tête une certaine forme de la raison, une raison raisonnante, dont les raisonnements pèchent par excès de subtilité et de sophistication. C'est dans ce cadre qu'il affirme que les premiers principes « ne sont pas du domaine de la raison, mais du domaine du sens commun » (REH, II.V, p. 51), que « la croyance [à l'existence des corps] triomphe de la raison et se rit de tous les arguments des philosophes » (REH, V.II, p. 82), ou que le sens commun se moque du tribunal de la raison (REH, V.VII, p. 93). Pour autant, de telles affirmations ne doivent pas occulter le fait que Reid vise à réconcilier la raison avec le sens commun. Une telle réconciliation est possible parce que la raison intuitive n'est qu'un autre nom donné au sens commun, et parce que les conclusions des raisonnements doivent toujours être compatibles avec les principes du sens commun.

Dans les *Recherches* et les *Essais*, l'exposé de ces principes vient tardivement (REH, VI.XXIV ; EIP, VI.V-VI ; EPA, V.I). Ces principes sont hétérogènes : il y a des « premiers principes de vérités nécessaires » (touchant à la grammaire, la logique, les mathématiques, la morale, le goût et la métaphysique) et des « premiers principes de vérités contingentes ». Les premiers principes ont trait aussi bien à des vérités immuables (EIP, VI.VI) qu'à des vérités de fait. Ils correspondent à un ensemble de jugements, dont la vérité est prise pour accordée dans tous nos raisonnements, discours et actions, quand bien même nous ne les mentionnerions pas explicitement. Par exemple, au sein de la catégorie des premiers principes de vérités contingentes (EIP, VI.v), on trouve des principes relatifs à la fiabilité de nos différents pouvoirs de connaître, un principe relatif à notre capacité à percevoir les pensées et sentiments de nos semblables via les traits de leur visage, la tonalité de leur voix ou leurs gestes, un principe relatif à l'autorité du témoignage humain, et un principe lié à notre capacité à anticiper les actes des hommes à partir de la régularité de leur conduite. À ces principes épistémologiques s'ajoutent des principes métaphysiques, qui nous donnent la conviction que nous existons comme des sujets permanents, qu'il y a des objets extérieurs, que nous avons un degré de pouvoir sur nos actions, qu'il y a d'autres êtres humains, et que la nature est gouvernée par des lois stables. Au fondement de nos jugements et de nos actions, il y a donc des premiers principes très divers. Sur ce point, Reid s'inscrit dans le sillage de Claude Buffier (*Traité des premières vérités*, 1732) : il prend le contre-pied du fondationnalisme cartésien (selon lequel le *cogito* est l'unique premier principe) et promeut un fondationnalisme doxastique *large* (EIP, VI.vii, p. 524-526). En effet, la Nature n'est pas chiche : elle a inscrit de nombreux principes dans notre esprit, de façon à ce que nous vaquions aisément à nos affaires.

La nature axiomatique des principes du sens commun en fait des vérités évidentes par elles-mêmes (*self-evident*), ce qui revient à dire que leur évidence n'est pas démonstrative, mais intuitive. L'évidence par soi n'est pas une preuve (*proof*), au sens d'une raison de croire externe. Elle est logée dans les principes, ou plutôt elle les accompagne comme la lumière accompagne les objets en plein jour. Dans ces conditions, on n'argumente pas en faveur des principes du sens commun. Il est aussi vain de les nier que d'entreprendre de les prouver. Leur singularité tient dans le fait que l'absence de preuves externes ne suscite pas de doute à leur égard. Là encore, Reid retrouve une leçon de Hume : même si une preuve indépendante fait défaut, cela ne génère aucun doute. La confiance envers ces principes est intacte. Mais là où Hume en faisait la source d'un paradoxe, Reid fait de l'évidence par soi un étendard de la légitimité épistémique de nos croyances naturelles.

En fait, la rationalité des principes du sens commun est une rationalité *prima facie*, par défaut : elle est naturellement prise pour accordée tant que nous n'avons pas de raison de croire le contraire (de même qu'en l'absence de raisons de douter, le juge prend pour accordée la fiabilité d'un témoin à la barre, EIP, I.II, p. 46-47). Ce n'est pas une rationalité gagnée au terme d'une recherche mettant en avant des éléments probants et définitifs. Par conséquent, nous n'avons pas besoin d'attendre l'apport de raisons de croire suffisantes pour être autorisés à croire les principes du sens commun. Nous sommes autorisés à *continuer* de leur accorder notre confiance tant que nous n'avons pas de bonnes raisons de douter de leur vérité. Ils bénéficient d'une présomption d'innocence épistémique, et la charge de la preuve revient à ceux qui les nient.

À ce jour, l'hypothèse selon laquelle « au sein du genre humain, il y a une déviation générale de la vérité au sujet des choses évidentes par elles-mêmes » n'a reçu aucune preuve (EIP, VI.IV, p. 466). C'est donc à bon droit que nous continuons d'endosser les principes du sens commun. Cela n'empêche pas que, ponctuellement, une personne puisse se tromper. Mais des erreurs commises sur des vérités particulières n'entament pas notre confiance naturelle à l'égard des principes généraux.

Même si Reid envisage l'éventualité d'une contestation future des principes du sens commun, cette possibilité en droit est écrasée par cet état de fait : nous avons une foi instinctive dans ces principes. Cette foi s'exerce à chaque instant de la vie. Elle est même la condition de notre apprentissage. En effet, c'est parce que nous nous fions à nos sens, à notre mémoire et à ce que nous disent nos semblables, sans nous questionner sur leur fiabilité, que nous pouvons faire des expériences et en tirer des enseignements. Car si l'exigence de preuve externe et concluante valait de manière inconditionnelle, à toutes les périodes de la vie et pour toutes les croyances, nous ne pourrions même pas commencer à croire quoi que ce soit. Mais heureusement, l'instinct pallie le manque de preuves. Par où l'on voit que l'homme est une créature animale avant d'être une créature rationnelle : il croit, même si ses croyances ne s'appuient pas toutes sur une estimation des preuves en présence. C'est pourquoi Reid affirme que l'homme « agit conformément à la constitution et à l'intention de la Nature, même lorsqu'il fait et croit ce que la raison ne justifierait pas » (EIP, II.XXII, p. 249); ce qui ne revient pas à dire que l'homme croit en dépit de preuves du contraire, mais simplement que l'exigence de croire sur la base de raisons suffisantes est subordonnée à l'existence de croyances naturelles qui, elles, y sont soustraites.

> Nous venons au monde dépourvus de l'exercice de la raison ; nous sommes de simples animaux avant d'être des créatures rationnelles, et il est nécessaire à notre conservation que nous croyions beaucoup de choses avant que nous ne puissions raisonner. Comment alors notre croyance peut-elle être réglée avant que nous n'ayons la raison pour la régler ? La Nature en a-t-elle laissé la règle

> au hasard ? En aucune façon. Elle est réglée par certains principes, qui sont des parties de notre constitution ; qu'il faille les appeler *principes animaux*, *principes instinctifs* ou de quelque nom qu'on voudra leur donner, peu importe ; mais ils diffèrent assurément de la faculté de la raison. Ils remplissent l'office de la raison tant qu'elle est en son enfance, tant qu'elle doit pour ainsi dire être portée dans les bras d'une nourrice ; et ils en ont la tutelle au cours de son développement progressif. (EIP, II.XXI, p. 238-239)

Les principes du sens commun prennent donc deux formes : il s'agit tout d'abord de croyances implicites et instinctives, qui font leur office avant que nous ayons commencé à raisonner. Puis, une fois que notre raison s'est développée, nous pouvons les prendre explicitement en considération, en faire des objets de réflexion et donner des raisons de maintenir la confiance que nous leur accordons instinctivement. Bien entendu, ces raisons confortent notre confiance, mais elles ne la suscitent pas. Par exemple, « notre croyance selon laquelle les personnes qui nous entourent sont des êtres vivants et intelligents est une croyance en faveur de laquelle nous pouvons sans doute donner une raison, quand nous sommes capables de raisonner. Mais nous avions cette croyance bien avant que nous puissions raisonner et bien avant qu'elle pût nous être enseignée » (EIP, VI.IV, p. 467). Ainsi, les principes du sens commun supportent d'être mis en lumière par des raisons externes, qui confirment leur vérité sans toutefois la prouver.

Notre prise de conscience progressive des principes du sens commun est un trait important de l'épistémologie développementale de Reid. Les principes du sens commun sont tout d'abord implantés dans notre esprit comme des graines en terre : de même qu'une graine exige d'être soignée et cultivée pour se développer, les principes du sens commun ont besoin de circonstances favorables pour éclore. Ce n'est que graduellement que nous en prenons conscience et que, éventuellement, nous les articulons dans un discours réflexif. Ils viennent à notre esprit quand le temps est venu, c'est-à-dire quand les facultés de notre esprit ont atteint leur maturité. C'est le cas des premiers principes de la morale : « [l]es graines du discernement moral, si l'on peut dire, sont implantées dans notre esprit par Celui qui nous a créés. Elles croissent en temps voulu et sont d'abord tendres et délicates […]. Leur progrès dépend beaucoup du fait qu'elles soient cultivées et exercées » (EPA, III.III.VIII, p. 205-206). De même, un temps de maturation est nécessaire pour que nous croyions à l'existence des choses extérieures. Cette croyance se manifeste aujourd'hui de manière immédiate, mais Reid doute qu'on puisse l'attribuer aux très jeunes enfants, car ils n'ont pas la notion d'« existence » et ils ne distinguent pas les choses simplement conçues des choses qui existent réellement (EIP, II.V, p. 100 ; EIP, VI.I, p. 414-415). Même une croyance aussi universelle requiert un terreau favorable pour croître. En d'autres termes, l'immédiateté épistémique des premiers principes ne correspond pas à une immédiateté psychologique. Il en va de l'esprit comme de la nature : ils ont un potentiel qui a besoin d'être activé, faute de quoi ils resteront comme une terre aride.

Cette idée (aristotélicienne) permet de comprendre pourquoi il peut y avoir des désaccords sur les premiers principes : c'est qu'il nous faut parfois du temps pour les reconnaître. Il y a un temps de latence, qu'il faut imputer à l'âge, mais aussi à l'influence des passions, des préjugés, des mœurs et à la « contagion du mauvais exemple »

(EPA, III.III.VIII, p. 207). La diversité des opinions en matière de premiers principes n'est donc pas un argument suffisant pour contester leur existence : elle s'explique par la variété des situations sociales et psychologiques de chacun, qui peuvent accidentellement compromettre la saisie des principes, mais elle ne remet pas en cause l'uniformité du fonds naturel qui nous a été légué. En d'autres termes, si les principes du sens commun sont naturels, cela n'en fait point des principes innés (EIP, VI.VII, p. 521).

Mais que faire si notre interlocuteur ne reconnaît pas un premier principe comme tel ? Dans ce domaine, est-il seulement possible de résoudre les désaccords ? Selon Reid, il est possible de défendre rationnellement les principes du sens commun et de les discerner de ceux qui en réclament illégitimement le titre. Bien qu'à la suite de Kant on se soit gaussé de cette philosophie qui invoquerait le sens commun à la manière d'un oracle censé clouer le bec aux détracteurs, Reid souligne qu'il existe des « moyens rationnels » de convaincre autrui de son erreur (EIP, I.II, p. 41 ; EIP, VI.IV ; EPA, V.I, p. 294). Certes, ces arguments ne prouvent pas la vérité des principes, mais ils permettent de reconnaître les premiers principes comme d'authentiques premiers principes (Thébert 2020). Une telle entreprise dialectique a le mérite d'exhiber ce qui est toujours tapi dans nos pensées, nos jugements et nos actions. À ce titre, elle participe à l'une des missions du philosophe, qui est d'identifier et d'énumérer les principes du sens commun (REH, VII, p. 251). En effet, il n'est possible de résoudre un désaccord que si les décisions du sens commun sont « ramenées à un code auquel tous les hommes raisonnables donneraient leur accord » (EIP, VI.II, p. 426). La mission de la saine philosophie est de délimiter et de circonscrire le domaine du sens commun, l'esprit humain étant comparable à un vaste territoire dont le philosophe doit dresser la carte (EIP, I.v, p. 57). Le philosophe doit également illustrer les premiers principes à l'aide d'exemples (EIP, I.ii, p. 39-41). Cette mise en lumière des principes, qui les conforte dans leur statut de premiers principes, revient à en donner une preuve indirecte.

Parmi les autres stratégies de confirmation des premiers principes, Reid énumère l'argument *ad hominem* (qui souligne l'incohérence de celui qui accepte certains principes du sens commun et en récuse d'autres, alors qu'ils se soutiennent mutuellement), la preuve par l'absurde (qui montre que tout ce qui contredit un premier principe est absurde et suscite une réaction naturelle : l'émotion du ridicule), l'argument du consentement universel (selon lequel l'accord sur ces principes – à travers les âges et les peuples – fait autorité), l'argument linguistique (selon lequel les distinctions grammaticales partagées par toutes les langues sont le signe de croyances universelles), l'argument de l'assentiment irrésistible à ces principes, et enfin l'argument prudentiel (selon lequel juger et agir à l'encontre des principes du sens commun compromet la conduite de la vie).

La juridiction du sens commun

La norme du sens commun ne vaut pas que pour le vulgaire : elle vaut pour tous, y compris pour les philosophes. Ceux-ci ne peuvent pas se soustraire aux commandements du sens commun : leurs théories ne sont recevables et intelligibles que si elles sont compatibles avec les « prescriptions du sens commun » (*dictates of common sense*). Ces dernières « doivent servir de norme pour corriger les [principes théoriques] » extravagants de certains philosophes (EPA, V.IV, p. 313). On voit donc que la philosophie a perdu sa fonction méta-critique. Elle n'a plus pour mission d'évaluer les décrets du sens commun, elle doit plutôt se soumettre à leur juridiction. Le rapport de subordination est clair :

> le sens commun ne doit rien à la philosophie et n'a nul besoin de son aide. À l'inverse, la philosophie [...] n'a d'autres racines que les principes du sens commun ; des principes qui favorisent sa croissance et qui la nourrissent. Mais qu'on la coupe de ces racines, tout son éclat se fane, sa sève se dessèche, elle meurt et pourrit. (REH, I.IV, p. 35-36)

La contestation de l'autorité du sens commun peut prendre deux formes :

Tout d'abord, elle peut émaner d'un fou. Mais comme celui-ci est victime d'un désordre de sa constitution, sa guérison doit venir « des secours de la médecine et d'un bon régime de santé » plutôt que « de la métaphysique et de la logique » (REH, I.III, p. 33-34). Aucun raisonnement ne pourra lui porter remède, puisqu'il nie les principes mêmes sur lesquels s'appuie tout raisonnement. Selon Reid, un tel être est « aussi monstrueux qu'un homme né avec deux têtes » (EPA, III.II.IV, p. 136).

Second cas de figure : celui qui conteste les principes du sens commun les nie en théorie et dans les moments de spéculation solitaire, tout en les conservant en pratique et dans les moments de vie sociale. C'est le cas du sceptique, qui donne des raisons de douter de l'existence des objets extérieurs à l'esprit, mais qui continue d'agir en prenant cette existence pour accordée ; ou qui donne des raisons de douter de la fiabilité de la raison, mais qui établit ce point par le raisonnement (EIP, VII.IV). Reid estime qu'un tel philosophe est un hypocrite, un « demi-sceptique » (*half-sceptic*, REH, V.VII, p. 95-96). Contrairement aux professions de foi sceptiques qui sont démenties par la pratique de la vie, le sens commun est un fonds rationnel cohérent, indissociablement théorique *et* pratique. Reid définit le sens commun comme « ce degré de jugement qui est commun aux hommes avec lesquels nous pouvons converser et faire affaire » (EIP, VI.II, p. 424). Dans ces conditions, faire du sens commun l'étalon des doctrines philosophiques revient à exiger qu'elles soient monnayables *dans la pratique*. Les opinions philosophiques doivent passer le test de la pratique et de la vie sociale, faute de quoi elles sont absurdes : « ce qui est absurde à la barre l'est également à la chaire d'un philosophe » (EIP, VI.V, p. 475).

Une telle approche implique que le vulgaire peut juger de la recevabilité d'une thèse tout autant qu'un spécialiste, et qu'il est autorisé à la rejeter si elle contredit le sens commun. En effet, il n'y a pas d'experts en sens commun. Comme le disait Descartes, c'est « la chose du monde la mieux partagée » (incipit du *Discours de la méthode*) :

> Juger des premiers principes n'exige rien de plus qu'un esprit sain, libre de préjugés, et une conception distincte de la question. Le savant et l'ignorant, le philosophe et le journalier, sont au même niveau et ils adopteront le même jugement, s'ils ne sont pas trompés par un biais ou éduqués à renoncer à leur entendement par quelque principe religieux erroné. Dans les questions qui passent la portée de l'entendement commun, le plus grand nombre est conduit par le plus petit nombre, et se soumet volontairement à son autorité. Mais dans les questions de sens commun, c'est le plus petit nombre qui doit se

soumettre au plus grand nombre, une fois supprimés les préjugés locaux et passagers. (EIP, VI.IV, p. 461)

Le sens commun met tous les hommes au même niveau : il ne requiert aucune éducation, seulement une maturité d'entendement et une absence de prévention. Il s'agit donc d'une pièce maîtresse dans la défense de l'égalité épistémique des hommes.

La critique du scepticisme

Parallèlement à la défense du sens commun, Reid consacre beaucoup de temps au démantèlement du système sceptique. De prime abord, cela peut paraître surprenant. En effet, pourquoi s'échiner à réfuter un système qui conteste les principes sur la base desquels s'appuie tout raisonnement ? Si le sceptique est sorti des rails de la rationalité, n'est-il pas vain d'essayer de le convaincre par le raisonnement ?

Pourtant, Reid prend la menace sceptique très au sérieux. La raison en est que le scepticisme est autant « destructeur de la foi du Chrétien que de la science du philosophe ou de la prudence de l'homme du bon sens ». Il « renverse toute philosophie, toute religion, toute vertu et tout sens commun » (REH, p. 24-25). Il a des implications sociales pour le moins glaçantes, en abandonnant chacun à la conversation avec ses propres pensées. C'est pourquoi il faut extirper le mal à la racine.

Pour ce faire, Reid combat sur différents fronts : le sceptique est comparable à une hydre dont il faut sectionner les têtes une à une.

Critique de la théorie commune des idées

La principale cible de Reid est le scepticisme qui s'attaque à notre capacité de connaître le monde matériel. Ce scepticisme est bâti sur l'hypothèse des idées, dont Reid fait la genèse en même qu'il en démontre la fausseté.

Le faux pas des philosophes

Selon le diagnostic de Reid, si les philosophes ont soutenu des thèses sceptiques, c'est parce qu'ils ont postulé que les objets immédiats de la pensée ne sont pas les objets matériels, mais des idées qui leur ressemblent. Cette hypothèse, commune aux philosophes rationalistes et empiristes, « est que rien n'est perçu que ce qui est dans l'esprit qui le perçoit, et que nous ne percevons pas réellement des choses qui sont extérieures, mais seulement leurs images, leurs représentations, imprimées dans l'esprit ; ce qu'on nomme les *impressions* et les *idées* » (REH, p. 24).

Cette hypothèse est introduite pour résoudre le problème de l'intentionnalité de la pensée. En effet, on estime que l'esprit ne peut pas percevoir ou penser à un objet absent (quelle que soit la raison de son absence : il peut ne pas exister, ne plus exister, ou ne pas être présent dans la sphère immédiate de l'esprit). Alors que le vulgaire estime qu'il peut penser à des choses éloignées (par exemple, au pont de Westminster), qu'il peut se souvenir de choses qui n'existent plus et imaginer des choses qui n'ont jamais existé, le philosophe juge problématique l'absence ou la distance de l'objet par rapport à l'esprit. C'est pour combler ce vide et expliquer le mode opératoire de la perception, de la mémoire et de l'imagination, qu'on introduit un substitut mental de l'objet, l'idée, qui est présent dans l'esprit. Selon cette hypothèse, l'esprit ne perçoit les choses extérieures et ne conçoit les choses absentes que par l'intermédiaire d'images ou d'idées qu'il saisit immédiatement. L'invention de la notion d'*idée* répond donc à un besoin théorique. Comme le dit Reid, l'idée permet aux philosophes de « dénouer un nœud » : « c'est une difficulté, un nœud qui mérite un libérateur. C'est afin de le dénouer que les idées furent découvertes » (« Oration III », EEU, p. 97). Ne nous y trompons pas : les idées ont bien été *inventées* (et non découvertes). À certains égards, ce sont des outils taillés sur mesure par les philosophes pour que, tels un télescope ou des lentilles, l'esprit puisse penser à des choses extérieures et absentes (« Oration IV », EEU, p. 125).

La conséquence de cette hypothèse est la mise en doute de l'existence d'un monde physique, extérieur à l'esprit. Reid note que, de façon tout à fait cohérente, le système idéal a des implications sceptiques. En effet, si l'on a besoin d'une idée pour penser à un objet extérieur, l'idée ne peut nous faire connaître l'objet qu'à partir du moment où elle lui est adéquatement reliée. Mais qu'est-ce qui nous assure que l'idée est causalement produite par l'objet ? Ou bien qu'elle lui ressemble ? Qui plus est, une fois l'idée introduite, le ver est dans le fruit. Son effet corrosif conduit à mettre en doute l'existence des objets extérieurs, l'existence d'autrui et l'existence d'un soi permanent. De ce point de vue, Hume est celui qui a le mieux perçu les implications du système idéal, dont le point de chute naturel est un scepticisme absolu et universel.

Selon Reid, Aristote fut l'un des premiers promoteurs de la théorie des idées : en faisant des sensations « des empreintes sur notre esprit qui conservent l'image, la forme, la ressemblance de la chose extérieure perçue, sans en avoir la matière », il devint lui-même le fossoyeur des choses matérielles. Aristote aurait accrédité l'idée selon laquelle on ne saurait percevoir les choses extérieures sans la médiation de sensations dans l'esprit, qui en sont les images (comme la trace du cachet sur la cire). Selon cette hypothèse, les sens reçoivent de l'extérieur les images des choses, et ils les transmettent à l'esprit qui les perçoit (REH, VI.vi, p. 118).

Les philosophes modernes entérinent ce schéma explicatif, qui souligne la passivité de l'esprit. On ne peut concevoir la qualité d'un corps que si nous avons à l'esprit une sensation qui ressemble à cette qualité. Le faux pas se situe dans le passage du constat selon lequel nous connaissons les objets extérieurs par les sens, à l'hypothèse selon laquelle les sensations sont les images ressemblantes de ces objets. Cette hypothèse, transformée en exigence, conduit tout droit au scepticisme quand on réalise que les sensations ne ressemblent pas aux qualités des choses. Ainsi, Locke remarque que les idées des qualités secondes ne sont pas des copies ou des images ressemblantes des qualités secondes (*Essai sur l'entendement humain*, II.viii, § 7). Mais par la suite, poussé par l'autorité du sens commun qui règne sur les opinions et le langage, il continue à parler de « qualités » alors qu'il vise les idées (*Essai sur l'entendement humain*, II.viii, § 8). Cela le conduit à soutenir que les qualités (comme les couleurs, les odeurs, les saveurs et les sons) ne sont pas réelles, mais sont des sensations de l'esprit. Le terrain est préparé pour Berkeley et Hume, qui n'ont plus qu'à appliquer aux qualités premières le sinistre destin des qualités secondes.

Reid note que la théorie des idées est universellement reçue par les philosophes modernes, et même par tous les philosophes depuis les Pythagoriciens. Elle s'impose naturellement à celui qui ne se contente pas de percevoir, de se souvenir ou d'imaginer, mais qui cherche à expliquer ces opérations de l'esprit. C'est afin d'expliquer comment il se fait que les philosophes sont tombés aussi facilement dans ce travers que Reid fait la généalogie de ce préjugé.

Pour autant, Reid est conscient des différences importantes qui existent parmi les adeptes du système idéal, notamment eu égard au rôle accordé à l'idée dans l'économie de la perception. Par exemple, Reid reconnaît qu'il est difficile de déterminer si Arnauld « a adopté la théorie commune des idées ou s'il se distingue en la rejetant entièrement comme une fiction de philosophes » (EIP, II.XIII, p. 165). En effet, chez Arnauld, les idées ne sont pas des « êtres représentatifs », distincts de l'acte de perception (*Des vraies et des fausses idées*, chap. 4). De même, on peut s'interroger sur la nature des idées chez Locke : s'agit-il d'images (comme le suppose Reid), ou bien d'actes mentaux, ou encore de signes (sur ces différentes interprétations, voir éd. Hamou 2021) ? Il est clair que les philosophes mentionnés par Reid ne soutenaient pas la même version de la théorie des idées. Quand Reid parle de la « théorie commune des idées », il vise en fait une version élémentaire de cette théorie, une théorie des idées « idéale », qui serait purifiée des idiosyncrasies philosophiques de chacun. C'est le revers de la médaille : ce qui rend l'analyse de Reid stimulante intellectuellement, c'est sa capacité à montrer dans quelle mesure la théorie des idées traverse les différents systèmes de la philosophie occidentale. Mais c'est également ce qui rend son analyse vulnérable à la critique car, à force d'élasticité, la théorie des idées s'émousse et perd de son tranchant théorique. Il est possible que, aux yeux de Reid, elle fasse surtout office de repoussoir philosophique, servant de faire-valoir à sa propre théorie de la perception.

Le principal reproche que Reid adresse à l'hypothèse des idées est qu'elle repose sur une erreur de catégorie. En effet, les philosophes font un mélange des genres, en traitant les faits de l'esprit comme s'il s'agissait d'objets des sens. L'un des fauteurs de troubles est le langage, ou tout au moins l'inattention des philosophes à l'usage commun du langage et au sens que le vulgaire accorde aux mots. En prenant au sens strict des manières de parler métaphoriques, les philosophes font violence au langage courant et au sens commun qui s'y exprime, ce qui les conduit à se méprendre sur la nature de l'esprit. La résolution des problèmes philosophiques passe donc par une analyse du langage ordinaire et par une réassignation des mots de leur usage métaphysique à leur usage commun (Thébert 2024). Reid ne recommande pas de censurer nos manières courantes de parler. Selon lui, il faut laisser le langage en l'état. Après tout, à partir des mêmes mots, le vulgaire pense tout à fait sainement. Seul le philosophe est mystifié par certains mots, qu'il appréhende indépendamment de leur usage commun. Tel est le cas du mot « idée ».

1. L'expression « avoir une idée ».

Communément, lorsque nous disons que « nous avons une idée », nous voulons dire que nous pensons à quelque chose. Nous ne désignons pas un item mental, qui se trouverait dans notre esprit, mais nous signalons une activité de l'esprit, dirigée vers un objet ou un concept. Nous ne sommes pas abusés par l'usage du verbe « avoir ». Le vulgaire emploie ce verbe pour désigner l'exercice de capacités de l'esprit, aussi bien que pour désigner une relation entre un possesseur et un objet :

> dans le langage populaire, *idée* signifie la même chose que *conception*, *appréhension*, *notion*. Avoir l'idée d'une chose est la concevoir. […] Si donc nous employons la

> locution *avoir des idées*, en la prenant au sens populaire, il nous faut voir qu'elle signifie précisément la même chose que ce que nous avons coutume d'exprimer par les verbes actifs *concevoir* ou *appréhender*. (EIP, I.I, p. 27)

« Avoir une idée » est une locution qui désigne une opération de l'esprit par laquelle nous concevons quelque chose. Bien que l'acte de concevoir soit « plus proprement, plus naturellement, et en fait plus communément dans toutes les langues vernaculaires » exprimé par un verbe actif, on peut utiliser l'expression synonyme « avoir une idée ». Selon Reid, elle se comprend aussi bien, à condition toutefois de la comprendre en un sens populaire, qui est son sens propre et commun, et non en un sens littéral et philosophique (EIP, II.IX, p. 131-132). C'est ce que fait le vulgaire : quand il dit qu'il a une idée, il veut dire qu'il conçoit un objet.

Cependant, les philosophes ont tendance à réifier l'idée et à la traiter comme une entité mentale hébergée dans l'esprit. Selon Reid, cette tendance a été initiée par Locke qui, en faisant de l'idée un objet de l'entendement quand l'homme pense, a introduit le sens philosophique du mot « idée ». Ce mot désigne alors non pas un acte de l'esprit, mais un objet de la pensée. Alors que pour le vulgaire « avoir une idée » désigne une relation à trois termes (entre l'esprit qui pense, l'acte de l'esprit et l'objet auquel il pense), le philosophe introduit un quatrième terme, l'idée, qui correspond à l'objet immédiat de la pensée et qui est l'image de l'objet extérieur dans l'esprit. En faisant de l'idée non pas l'opération de l'esprit par laquelle nous concevons un objet, mais l'objet de cette opération, le philosophe occulte l'usage commun du mot « idée » et génère un problème philosophique étranger au vulgaire :

le scepticisme relatif à notre capacité à penser à des objets qui ne sont pas immédiatement présents dans l'esprit.

2. L'analogie entre les mouvements du corps et les opérations de l'âme.

Ce qui favorise également la genèse de la théorie des idées, c'est notre tendance naturelle à faire des raisonnements par analogie. Reid note que le procédé de la « communication des attributs » (qui consiste à transférer un attribut de l'objet auquel il appartient réellement à un objet qui lui est lié ou qui lui ressemble) est très commun (EIP, VIII.IV, p. 599). Le mode de pensée analogique est particulièrement répandu quand on raisonne sur l'esprit et ses opérations. En effet, « tout homme est sujet à former la notion des choses qu'il a peine à saisir, ou qui lui sont moins familières, par leur analogie avec les choses qui lui sont plus familières » (REH, VII, p. 239). C'est pourquoi les hommes transposent aux phénomènes de l'esprit le vocabulaire propre aux objets des sens. En soi, ce langage dérivé n'est pas condamnable, tant que nous le considérons comme analogique et comme n'indiquant rien au sujet de la nature de l'esprit. Les problèmes commencent quand on s'en laisse conter par ces manières de parler et que le langage analogique exerce une véritable « séduction » sur les esprits (EIP, III.I, p. 301). Les locuteurs prennent alors ces expressions au pied de la lettre et sont conduits à matérialiser l'esprit et ses facultés.

> Il y a une disposition en l'homme à matérialiser toute chose, si l'on me passe l'expression, c'est-à-dire à appliquer les notions qui valent pour les objets matériels aux choses d'une autre nature. La pensée est considérée comme analogue au mouvement dans le corps, et de même que les corps sont mis en mouvement du fait d'impulsions

> et d'impressions que les objets contigus font sur eux, de même nous avons tendance à conclure que l'esprit est fait pour penser sous l'effet des impressions faites sur lui et qu'il doit y avoir une sorte de contiguïté entre lui et les objets de la pensée. C'est pourquoi les théories des idées et des impressions se sont si généralement imposées. (EIP, VI.VIII, p. 530)

Ainsi, les philosophes modernes ont transposé aux opérations de l'esprit le mode de fonctionnement propre aux mouvements des corps. Et comme le corps n'agit sur un autre corps que par contact ou par l'intermédiaire d'un milieu, ils ont estimé qu'il devait en être de même pour l'esprit et que tout objet de la pensée devait être en contact immédiat avec lui ou faire une impression sur lui. Autrement dit, ils sont partis du principe que « dans toutes les opérations de l'entendement, il doit y avoir quelque relation immédiate entre l'esprit et son objet, de telle sorte que l'un puisse agir sur l'autre » (EIP, IV.II, p. 312). L'adoption de ce parti pris suppose d'appréhender les opérations de l'esprit par le prisme du toucher : « toute chose que nous touchons devant faire quelque impression sur le corps, nous sommes sujets à penser que toute chose qui est comprise doit faire quelque impression sur l'esprit » (REH, VII, p. 251). C'est le « modèle perceptif tactile » (Etchegaray 2017) : tout comme il n'y aurait pas d'action à distance dans le monde matériel, il n'y aurait pas de perception à distance. La perception exigerait une contiguïté de l'esprit et de l'objet.

Cependant, remarque Reid, les mouvements des corps et les actes de l'esprit ne sont pas du même genre. Or « tous les arguments tirés de l'analogie sont d'autant plus faibles qu'il y a une plus grande disparité entre les choses comparées ; et donc ils sont les plus faibles de tous quand nous comparons le corps avec l'esprit, car il n'y a pas deux choses dans la nature qui soient plus dissemblables » (EIP, I.IV, p. 54). Par conséquent, ce n'est pas parce qu'un corps ne peut pas produire de mouvement là où il n'est pas que l'esprit ne peut pas percevoir ce à quoi il n'est pas intimement uni.

3. La localisation des phénomènes de l'esprit

La tendance à réifier et à matérialiser l'idée conduit les philosophes modernes à se demander où les idées sont situées. De même, la réification de l'idée conduit à spatialiser l'entité qui l'héberge. On cherche alors à préciser les coordonnées spatiales de l'esprit. Ainsi, on suppose que l'idée se trouve « dans l'esprit humain, ou du moins dans la partie du cerveau où l'esprit est censé résider » (REH, VII, p. 242). On suppose également que les images de l'objet perçu sont pour ainsi dire « projetées sur le cerveau » suite à l'impression de l'objet sur les organes sensibles (EIP, II.IV, p. 90-93).

Cependant, précise Reid, le cerveau n'est pas comparable à une chambre obscure, et l'esprit n'est pas comparable à une lunette ou à un œil interne qui observe les images qui sont dépeintes sur la paroi du cerveau. Plusieurs choses sont critiquables : tout d'abord, la théorie des idées repose sur des hypothèses physiologiques invérifiables, comme celle selon laquelle les images du monde extérieur seraient transmises au cerveau via les nerfs, ceux-ci étant tout d'abord ébranlés par les impressions faites sur différentes parties du corps, et les images étant ensuite perçues par l'esprit (EIP, II.III-IV). Cette dramaturgie en quatre étapes (impressions sur les organes, mise en mouvement des nerfs, communication d'une image au cerveau, puis perception de l'image par l'esprit) est une fiction qui « n'est point fondée dans les faits ni conforme à l'observation » (REH, VI.XII, p. 149). Aucun fait n'atteste la présence d'images dans le cerveau, et cette hypothèse est d'autant plus improbable qu'on ne voit pas comment une substance médullaire molle et humide pourrait recevoir et retenir des images. Ensuite, on ignore comment des images des choses pourraient être produites par des impulsions, des vibrations de fibres nerveuses ou des ondulations d'esprits animaux, puis comment elles pourraient être transportées par les nerfs jusqu'à l'âme. L'articulation du matériel et de l'intellectuel échappe à notre compréhension. Enfin, chercher à localiser l'esprit est le symptôme d'une incompréhension du langage ordinaire. Quand on distingue les choses dans l'esprit et les choses extérieures, on ne veut pas « signifier le lieu des choses dont on parle, mais leur sujet » (EIP, I.I, p. 22). Ainsi, dire que les opérations de l'esprit sont dans l'esprit, c'est simplement signifier qu'elles ne peuvent pas exister sans un sujet auquel les rattacher, dont elles sont les attributs.

L'égalitarisme épistémique

Reid mobilise une autre ligne argumentative pour mettre à mal le système idéal : il conteste l'idée selon laquelle certains pouvoirs intellectuels auraient un privilège épistémique, au sens où ils seraient plus à même de nous donner accès au vrai. Contre un tel impérialisme des facultés, Reid souligne que nos facultés constituent notre équipement cognitif à parts égales, et qu'à ce titre aucune n'a plus le droit qu'une autre de revendiquer l'accès au vrai.

Reid reproche à ses prédécesseurs de proposer une approche asymétrique de l'esprit humain, qui plus est arbitraire, puisqu'ils ne parviennent pas à justifier le privilège qu'ils accordent à certaines facultés. Ainsi, cette approche valorise la conscience, comprise comme faculté de percevoir nos états mentaux, et la raison, comprise comme faculté de faire des inférences à partir de ce dont nous avons conscience. Dans ce cadre, je ne puis être assuré que de l'existence de ce dont je suis conscient, le reste (comme l'existence du monde matériel et l'existence d'autrui) doit être prouvé par la raison : « La raison doit élever tout l'édifice de la connaissance sur ce seul principe de la conscience » (REH, VII, p. 245).

Cependant, objecte Reid, pourquoi la raison et la conscience seraient-elles les juges suprêmes en matière de vérité ? Car elles ne sont pas mieux loties que les autres facultés : ce sont toutes des dons de la nature, et à ce titre elles ont la même autorité épistémique. Si notre attitude naturelle est la confiance, dans ce cas nous devons faire confiance à *toutes* nos facultés. Le sceptique rétorque que nos sens nous trompent. Mais on peut répondre que si tromperie il y avait, elle serait généralisée. Il serait étrange que l'Auteur de notre nature nous donne d'une main des facultés trompeuses, et de l'autre des facultés « redresseuses de torts ». Si l'une d'elles était trompeuse, « nous ne pourrions raisonnablement faire confiance à aucune d'entre elles, car Celui qui les a créées les a toutes créées » (EPA, IV.VI, p. 251). Nos facultés sont toutes sujettes à des défaillances, pas plus les sens que la raison. Elles sont dans le même bateau épistémique. Dès lors, supposer que les sens sont moins fiables que la raison, c'est faire preuve d'une partialité injustifiée. Puisqu'ils viennent « du même atelier » et qu'ils « furent fabriqués par le même artiste » (REH, VI.XX, p. 201), nous n'avons pas plus de raison de nous méfier de l'un que de l'autre. Tel est, en substance, l'argument de la parité. De même que nous croyons implicitement que le pouvoir de la conscience est fiable, nous prenons implicitement pour admise la fiabilité de la mémoire, des sens externes et du raisonnement.

> les facultés de la conscience, de la mémoire, des sens externes et de la raison sont des dons de la Nature, tous autant les uns que les autres. On ne peut donner aucune bonne raison d'accepter le témoignage de l'un qui ne soit pas également recevable pour les autres. Les plus grands sceptiques admettent le témoignage de la conscience et accordent que ce qu'elle atteste doit être tenu pour un premier principe. Par conséquent, s'ils rejettent le témoignage immédiat des sens ou de la mémoire, ils sont coupables d'incohérence. (EIP, VI.IV, p. 463)

Ce faux pas (qui consiste à prendre une faculté de l'esprit comme juge ou modèle des autres facultés) est également commis quand les philosophes demandent une preuve de la fiabilité des facultés de l'esprit (comme Descartes, EIP, VI.IV, p. 480-481). En effet, si la confiance que nous accordons à nos facultés est suspendue à la possibilité d'une preuve, c'est que nous soustrayons au moins une faculté à cette mise en question généralisée : en l'occurrence la raison, qui est la faculté en charge de la preuve. Mais là encore, pourquoi faudrait-il supposer un îlot de certitude (la raison) dans un océan de doute ? Selon Reid, il n'y a pas de méta-faculté qui nous permette d'estimer la fiabilité de nos pouvoirs intellectuels : la raison n'est pas une faculté spéciale, et Dieu ne nous a pas légué de nouvelles facultés pour juger des anciennes. Dans ces conditions, il est absurde de demander une preuve de la fiabilité de nos facultés. Une telle preuve requérant l'usage de ces mêmes facultés, la circularité épistémique (ou pétition de principe) est incontournable. Reid n'exclut pas la possibilité que nos facultés soient viciées (« Si nous sommes dans l'illusion, cette illusion nous vient de Celui qui nous a faits, et il n'y a point de remède », REH, V.VII, p. 97). Mais la seule alternative au doute et à la folie consiste à maintenir notre confiance envers l'ensemble de nos pouvoirs intellectuels.

Aucune faculté ne bénéficiant de privilège épistémique, nos facultés sont toutes des sources d'*évidence* (c'est-à-dire de données probantes) : il y a ainsi l'évidence des sens, l'évidence de la mémoire, l'évidence de la conscience, l'évidence du témoignage, l'évidence des axiomes et l'évidence du raisonnement (EIP, II.xx, p. 229). Dans une veine aristotélicienne, Reid estime que nous ne devons exiger qu'autant d'évidence que la nature de la chose le permet, et que nous ne devons convoquer que l'espèce d'évidence qui convient à la chose examinée. Pour une croyance relative à l'existence d'un objet matériel : c'est la sensation ; pour une croyance relative à l'existence d'une chose passée : c'est le souvenir ; pour une croyance relative à l'existence de pensées dans notre esprit, c'est la conscience. Il n'y a pas de hiérarchie entre ces sortes d'évidence. Chacune a sa province, et elles sont irréductibles l'une à l'autre. Loin de juger de la vérité ou de la fausseté d'un jugement à l'aune d'un critère unique (comme la perception claire et distincte chez Descartes), Reid estime que chaque genre d'évidence constitue dans son domaine « une évidence appropriée et un juste fondement de croyance ».

> L'évidence des sens, l'évidence de la mémoire et l'évidence des relations nécessaires des choses sont des genres d'évidence parfaitement distincts et primitifs, qui sont également fondés sur notre constitution ; aucun ne dépend de l'autre ; aucun ne peut être réduit à l'autre. (REH, II.v, p. 50-51)

Dans la même veine pluraliste, Reid fustige la tendance des philosophes modernes à appréhender tous les pouvoirs de l'esprit au prisme de l'un d'eux. En l'occurrence, ils font de la perception d'un tableau le modèle explicatif des opérations de l'esprit, comme si concevoir, percevoir, se souvenir ou imaginer consistait à percevoir une image sur la scène mentale de l'esprit. Par exemple, Hume traite la conscience, la sensation, la mémoire et l'imagination comme autant de manières de percevoir un item mental (une impression, ou une idée plus ou moins vive). Il s'agit pourtant de facultés distinctes, qui ont des objets distincts (il peut s'agir d'un objet des sens, d'un objet interne, d'un objet qui a existé dans le passé, ou d'un objet qui n'a jamais existé). Ces facultés ne sauraient donc être réduites à différentes sortes de perceptions. De même, en définissant la croyance comme une idée vive, reliée à une impression présente (*Traité de la nature humaine*, I. III. 7, § 6), Hume fait du jugement une simple déclinaison du matériau mental. Or, objecte Reid, la croyance n'est pas une opération de l'esprit soluble dans une modification d'idées. Afin de prendre la mesure de la spécificité de nos pouvoirs intellectuels, il faut donc que nous nous déprenions du modèle perceptif de nos opérations mentales, et en particulier du « modèle perceptif optique » (Etchegaray 2017). Un tel modèle érige la vision en modèle explicatif général, et fait de la perception d'une idée l'alpha et l'oméga de la vie de l'esprit. Outre qu'il se méprend sur la nature de la perception visuelle, il généralise cette méprise et conduit à uniformiser la vie de l'esprit. Au contraire, Reid veut exhiber les différences.

Qu'y a-t-il derrière le rideau des phénomènes ?

Si Reid critique le scepticisme, il n'affirme pas pour autant que nous pouvons tout connaître avec certitude. Sa critique vise une certaine forme de scepticisme (qui émane de la théorie des idées), mais elle est compatible avec un scepticisme plus modéré, qui nous rappelle le caractère faillible de nos opinions (EIP, VII.IV, p. 563).

Plus radicalement, Reid estime que sur certains points l'obscurité est consubstantielle à notre nature. En effet, il y a des faits qui se refusent irrémédiablement à nous. D'un ton résolument lockéen, il souligne que l'esprit est fait pour connaître au sein de certaines bornes, au-delà desquelles nous ne devons pas nous aventurer.

Par exemple, en philosophie de l'esprit, si nous savons *que* certaines choses se produisent (comme la perception des objets extérieurs, ou la mise en mouvement de nos corps suite à une décision de notre volonté), nous ne savons pas *comment* elles se produisent. Quand il s'agit d'expliquer la perception sensible, nous observons une succession d'événements (qui conduit des impressions faites sur la rétine par les rayons lumineux, à la perception de l'esprit), mais nous ne voyons pas « le maillon qui les unit » (REH, VI.xii, p. 150). Nous devons nous contenter de ce constat, au lieu d'essayer d'expliquer des choses qui dépassent la portée de l'entendement humain. De même, nous savons que nous sommes les causes efficientes de nos actions, mais nous ne savons pas comment sont reliés « la volition et notre effort, d'une part, et le mouvement de notre corps qui s'ensuit, d'autre part » (EPA, I.vi, p. 57). Entre ma volition de tendre le bras et l'effet qui est le lever de mon bras, il y a vraisemblablement toute une machinerie qui est dissimulée « derrière le rideau » (EPA, III.I.ii, p. 100). Sur ce point, comme sur bien d'autres, la « Nature œuvre dans l'obscurité » (EIP, II.xx, p. 227). Nous sommes comparables à des spectateurs qui, dans un spectacle de marionnettes, n'ont accès qu'à des « gesticulations plaisantes », mais ne savent pas par quels mouvements le marionnettiste opère (EPA, IV.v, p. 244). Cette impossibilité de mettre au jour le mode opératoire de nos pouvoirs intellectuels et actifs conduit certains interprètes à qualifier la philosophie de Reid de « mystérianiste » (Wolterstorff 2001).

Toutefois, les mystères insondables ne se trouvent pas qu'en nous, l'obscurité nimbe aussi les phénomènes extérieurs. Le ballet des phénomènes naturels nous conduit à présumer qu'ils sont le produit de l'Auteur de la nature, mais là encore nous ne connaissons pas le mode opératoire. Quand bien même nous aspirons à soulever le rideau, nous restons des spectateurs ignorants de ce qui se trame dans les coulisses (REH, VI.XXI, p. 209). Peut-être que ces phénomènes naturels sont le produit « d'une seule Cause Suprême », ou bien « d'une ou plusieurs causes subordonnées » (EPA, I.VI, p. 55). Dans tous les cas, nous en ignorons la nature, le nombre et la fonction. L'ignorance bride tout autant la philosophie naturelle que la philosophie de l'esprit.

Certes, dans les sciences de la nature, nous parvenons à juguler partiellement notre ignorance en remontant par induction jusqu'aux lois de la nature. C'est un objectif qu'il nous faut également poursuivre en philosophie de l'esprit (pour une interprétation qui nuance le mystérianisme de Reid, voir Copenhaver 2006). Les lois de la nature sont les règles selon lesquelles les effets se produisent. Elles définissent le phénomène le plus général que nous ayons découvert jusqu'à présent, et dans lequel se résorbent d'autres phénomènes moins généraux. Il n'en reste pas moins que, « quand nous arrivons aux phénomènes les plus généraux que nous puissions atteindre, alors il faut s'arrêter » (REH, VI.XIII, p. 161). La pratique de l'induction en philosophie de la nature comme en philosophie de l'esprit exige de la retenue : il faut savoir s'arrêter dans la quête des causes et reconnaître que les causes mises au jour ne sont pas les causes véritables et ultimes des phénomènes. Ce ne sont que les lois de la nature les plus générales que nous sommes parvenus à dégager.

Critique du réductionnisme métaphysique

Afin d'appréhender le cadre métaphysique dans lequel Reid travaille, nous pouvons partir de la distinction entre une métaphysique descriptive et une métaphysique révisionniste (Strawson 1959). L'approche de Reid est résolument descriptiviste. Pour rendre compte de ce qu'il y a dans le monde, il part de la manière dont le vulgaire décrit la structure du monde. Dans un tel monde, les substances matérielles existent, tout comme le soi, le libre-arbitre et la causalité universelle. À l'opposé, le sceptique corrige cette image du monde et nous présente un monde bien pauvre, voire vide, dépeuplé, dans lequel la seule chose dont nous pouvons être assurés, c'est de l'existence de nos propres idées. Comme le dit Reid : « Les idées semblent avoir dans leur nature quelque chose qui répugne aux autres existences » (REH, II.VI, p. 52). Censées les expliquer, elles finissent par les supplanter : elles évincent progressivement de la nature les qualités secondes, puis les qualités premières, les corps, et enfin les esprits eux-mêmes. Locke a ouvert la voie à cet appauvrissement du monde en mettant en doute notre capacité à connaître les qualités secondes des objets. Berkeley a poursuivi en vidant le monde des substances matérielles, et Hume a donné l'assaut final en le vidant des esprits, si bien qu'il « ne laisse rien dans la nature que des idées et des impressions, sans aucun sujet pour les percevoir » (REH, I.V, p. 36). Ce qui existe se réduit « à quelques idées flottantes qui, comme les atomes d'Épicure, dansent dans le vide » (REH, I.VI, p. 40). La théorie des idées met également à terre les grandes catégories métaphysiques : « Le corps et l'esprit, la cause et l'effet, le temps et l'espace, auxquels nous avons coutume d'attribuer une existence indépendante de notre pensée, sont tous privés d'existence » (REH, VII, p. 247).

À l'opposé, le monde du sens commun est luxuriant. Il s'agit d'un monde robuste, fait d'êtres substantiels et permanents, dont certains sont doués de pouvoirs actifs et peuvent être causes de changements dans le monde. Dans cet « Eden verdoyant du réalisme » (McMermid 2018, p. 104), la question de la preuve de l'existence des choses extérieures ne se pose pas. En effet, la conviction qu'il existe des choses indépendamment de notre pensée est naturelle et puissante. Qui plus est, l'exercice de nos opérations mentales nous conduit naturellement à organiser le monde selon certaines distinctions métaphysiques. Ainsi en est-il de la distinction entre les entités matérielles et les entités spirituelles, et de la distinction entre les substances et les qualités. Par exemple, quand je perçois les qualités d'un objet (étendu, lourd, etc.), je suis naturellement conduite à juger qu'il existe un support à ces qualités (l'objet n'est pas qu'un amas de qualités) ; quand je perçois un changement dans la nature (le mouvement d'un corps), je juge immédiatement qu'il y a une cause à ce changement ; de même, quand j'observe mes pensées et sentiments, je prends naturellement pour accordé que ces pensées et sentiments ne peuvent exister sans un sujet auquel ils appartiennent, et ce sujet est le *soi*, mon esprit qui pense, se souvient, perçoit et raisonne. Tous ces jugements tacites sont des « enseignements immédiats de notre nature » (EIP, II.XIX, p. 218). Ces jugements et distinctions métaphysiques ne sont ni le fruit d'un raisonnement philosophique, ni acquis par le témoignage de nos sens. À certains égards, il s'agit d'une métaphysique spontanée, que nous amenons avec nous quand nous jugeons et agissons. Son activation suppose toutefois que notre esprit soit pleinement développé : « les hommes, lorsqu'ils ont atteint une certaine maturité de leurs facultés, ont la conviction naturelle que les qualités sensibles ne peuvent pas exister par elles-mêmes, sans quelque sujet auquel elles appartiennent » (EIP, II.XIX, p. 219). Mais il est fort probable que les animaux et les nourrissons ne fassent pas cette distinction.

Cette métaphysique spontanée trouve un soutien puissant dans le langage. Reid constate que la structure de toutes les langues (les langues des nations civilisées qui communiquent entre elles) s'articule autour des distinctions entre les adjectifs et les substantifs, la voix active et la voix passive. Par exemple, dans les différentes langues, la perception, la conception, la mémoire et le jugement ont toujours été désignés par des verbes actifs (REH, II.X, p. 64). Le langage commun les présente donc comme des opérations d'une substance active (l'esprit). Selon Reid, cette similarité grammaticale est une mine d'informations sur l'esprit humain. En effet, « la langue est l'image explicite et le tableau des pensées humaines ». Par conséquent, « à partir de ce tableau nous pouvons tirer certaines conclusions à propos de l'original » (EIP, VI.IV, p. 466). Selon cette thèse de la transparence linguistique, la similarité de la structure des langues est l'expression de croyances propres à la nature humaine. Reid revendique explicitement ce principe méthodologique dans une lettre à James Gregory (EEC, n°98, printemps 1786, p. 185) : il y affirme que, après la réflexion sur les opérations de notre esprit, il ne connait rien « qui puisse fournir autant de lumière aux facultés humaines qu'une considération attentive de la structure de la langue ». Dans ce cadre, une distinction grammaticale universelle constitue une preuve *prima facie* de l'existence d'une distinction réelle, à laquelle le genre humain donne immédiatement son assentiment. L'existence d'opinions communes au genre humain est la seule chose qui puisse expliquer que, en dépit de leur grande diversité, les langues ont une structure commune.

> nous trouvons dans toutes les langues les mêmes parties du discours, la distinction des noms et des verbes, la distinction des noms en adjectifs et substantifs, celle des verbes en actif et passif. Dans les verbes, nous trouvons des temps, des modes, des personnes et des nombres qui sont semblables. Il y a des règles générales de grammaire qui sont les mêmes dans toutes les langues. Cette similitude de structure dans toutes les langues montre que les hommes partagent de manière uniforme ces opinions sur lesquelles repose la structure du langage. (EIP, I.I, p. 36)

Reste que si ces distinctions grammaticales dessinent les contours de grandes articulations métaphysiques, elles ne nous font pas connaître les détails du monde. Par exemple, en dépit de notre conviction naturelle que les qualités ont un support substantiel, nous connaissons peu de choses de la substance. Ainsi, nous définissons l'esprit comme « un être pensant, intelligent, actif » (EIP, V.II, p. 361), mais nous ne le connaissons qu'en tant que support de certains pouvoirs. Et nous ne percevons pas les pouvoirs eux-mêmes, indépendamment de la manière dont ils s'exercent; nous ne percevons que leurs opérations, « le pouvoir reste derrière la scène » (EPA, I.I, p. 24). Par conséquent, nous n'avons qu'une connaissance relative de l'esprit. Il en est de même pour les corps et les substances individuelles, dont nous ne connaissons que les qualités ou attributs, mais nullement l'essence.

De plus, notre métaphysique spontanée doit parfois être corrigée. Par exemple, la tendance première des nations sauvages et des enfants est de considérer comme actives des choses qui ne sont pas de réels centres d'action (la mer, les bois, les poupées, etc., EPA, I.II, p. 32). Dans leur désir de connaître la cause des changements observés, les hommes sont emportés dans leur élan, ce qui produit une inflation métaphysique. La correction ne consiste pas à verser dans l'excès inverse et à penser, comme Hume, qu'il n'existe aucune cause efficiente, seulement des conjonctions constantes de phénomènes. Il faut trouver un juste milieu. La métaphysique du sens commun est celle à laquelle on parvient au terme d'un équilibre réfléchi.

Critique du scepticisme moral

1. Dans le domaine moral, le scepticisme conduit à douter de la possibilité d'une action morale. Cette mise en doute s'appuie sur l'idée selon laquelle nous ne serions pas les causes réelles et efficientes de nos actions. Dans ces conditions, on ne pourrait pas tenir les agents pour responsables de « leurs actions », on ne pourrait pas leur attribuer de qualités morales et appliquer la loi pour les punir. Le scepticisme moral disculperait les hommes de tout et donnerait un blanc-seing à tous les pécheurs. Reid constate que le scepticisme moral trouve un précieux allié dans la doctrine de la nécessité, défendue par Hume (EPA, III.III.I, p. 172), Hobbes (EPA, IV.I, p. 220), Priestley (EPA, IV.II, p. 225) et Spinoza (EPA, IV.III, p. 234).

Contre le nécessitarisme, Reid montre que les agents sont des causes réelles et efficientes de leurs actions. La raison en est qu'ils sont doués des facultés qui leur permettent d'agir librement : par l'entendement ils conçoivent l'action avant de la réaliser, et par la volonté ils décident de la réaliser. L'agent libre a le pouvoir de déterminer sa volonté par lui-même. La détermination de la volonté est un effet, dont la personne est la cause. Plus précisément, un agent est libre quand, pour une action donnée, il a le pouvoir de vouloir la faire *et* le pouvoir de ne pas vouloir la faire. Sur ce point, les hommes se distinguent des animaux qui cèdent à leurs appétits et passions, et ne sont donc pas capables de se gouverner eux-mêmes. Défendre le système de la liberté ne revient pas pour autant à considérer que l'homme est libre à tout moment : Reid admet que la liberté humaine connait de nombreuses limitations. Ces limitations peuvent être liées à la nature des mouvements envisagés : par exemple, l'homme n'a pas le pouvoir de vouloir faire certaines choses (comme voler) et de ne pas vouloir faire certaines choses (comme les mouvements instinctifs) ; d'autres limitations sont moins structurelles, mais sont liées à l'âge, au manque de maturité des facultés intellectuelles et morales, ou à l'influence des appétits, des passions et des habitudes.

2. D'un point de vue épistémologique, le scepticisme moral conduit à douter de la possibilité d'une connaissance morale. Les hommes ne pourraient pas savoir si telle ou telle conduite est *objectivement* bonne ou mauvaise. Par exemple, selon le sentimentalisme moral, nous qualifions *x* de « bon » non pas parce que *x* est intrinsèquement bon, mais parce que nous sommes ainsi constitués que, lorsque nous faisons l'expérience de *x*, nous approuvons *x*. Et approuver *x*, ce n'est pas exprimer un jugement au sujet de *x*, c'est éprouver une sensation agréable lors de l'expérience de *x*. Il en résulte que ce que nous nommons « vice » et « vertu » est tributaire de la structure et de la constitution de l'esprit humain, si bien que « par un changement dans

notre structure, ce qui est immoral pourrait devenir moral, la vertu pourrait se transformer en vice, et le vice en vertu. Et des êtres d'une structure différente pourraient avoir, selon la diversité de leurs sensations, des mesures opposées du bien et du mal moraux » (EPA, V.VII, p. 384-385).

À rebours du subjectivisme moral (que Reid prête à Hutcheson et Hume dans les *Essais sur les pouvoirs actifs de l'homme*, et à Smith dans sa « Leçon sur la théorie des sentiments moraux du Dr Smith »), Reid estime que notre capacité à statuer sur le caractère objectivement bon ou mauvais d'une action est une affaire de jugement, et pas de sentiment ou de constitution particulière de l'esprit. Ce jugement est pris en charge par le sens moral qui, comme les sens externes, est un pouvoir de perception nous faisant connaître des objets et des qualités réelles du monde. Loin de nous confiner dans la sphère de l'affect, le sens moral nous fait percevoir « que *cette* conduite est juste, que *cette autre* est mauvaise, et que *cette dernière* est indifférente » (EPA, V.IV, p. 322). Cette approche implique deux choses. Tout d'abord, elle est indissociable d'un réalisme moral décomplexé : ainsi, pour Reid, il est « évident qu'il existe une réelle différence entre le bien et le mal dans la conduite humaine, tout comme il existe une réelle différence entre le vrai et le faux en matière de spéculation » (EPA, III.III.V, p. 190). Dans ces conditions, nos jugements moraux ne font pas qu'exprimer des sentiments (*feelings*), ce sont des propositions vraies qui décrivent un état du monde : « Je ne dois pas voler, tuer ou porter un faux témoignage : voilà des propositions aussi vraies, j'en suis convaincu, que les propositions d'Euclide » (EPA, V.VII, p. 372). Par conséquent, quand bien même il y a des personnes « qui n'ont pas la faculté de concevoir des vérités morales ou de percevoir l'excellence de la valeur morale, tout comme il y a des êtres incapables de percevoir les vérités mathématiques », cela ne parle pas en faveur du relativisme moral, car « aucun défaut, aucune erreur de compréhension ne peut faire que ce qui est vrai soit faux » (p. 385).

Ensuite, si nos jugements moraux sont les produits du sens moral, c'est que, comme pour les sens externes, l'exercice du pouvoir de juger n'est pas coupé de toute dimension sensible. Mais alors que dans la perception sensible, c'est la sensation (visuelle, auditive, etc.) qui suscite le jugement, dans la perception morale c'est le jugement porté sur un comportement (qualifié de bon ou de mauvais) qui suscite un sentiment (EPA, V.vii, p. 371). Le sentiment accompagne, c'est-à-dire suit l'approbation ou la désapprobation morale. Par exemple, la sympathie est l'*effet* de notre jugement sur la conduite d'autrui, pas sa cause (EPA, III.III.vii, p. 202). C'est la même chose pour les sentiments de respect ou de mépris, de gratitude ou de ressentiment. Ces sentiments peuvent en retour nous motiver à agir de façon morale.

Le sens moral est également un guide de nos actions. C'est un pouvoir intellectuel *et* actif : « Ce pouvoir moral ne nous permet pas seulement de juger nos actions et celles des autres : c'est aussi un principe d'action chez tous les hommes bons. Une conduite ne peut être qualifiée de vertueuse que si ce même principe la dirige » (EPA, V.iv, p. 322).

Enfin, le sens moral est la source des premiers principes de la morale. Il s'agit de principes originels et évidents par eux-mêmes, qui sont les axiomes de nos raisonnements moraux. Reid énumère ces principes dans les *Essais sur les pouvoirs intellectuels de l'homme* (VI.vi, p. 494) et les *Essais sur les pouvoirs actifs de l'homme* (V.i). Il distingue trois catégories de principes moraux : les principes relatifs à la vertu en général, les principes qui précisent nos devoirs à l'égard de nous-mêmes, d'autrui et de Dieu, et les principes qui hiérarchisent les différentes vertus. Ces principes sont à distinguer des jugements moraux particuliers, qui résultent de l'application d'un principe abstrait à des situations particulières (par exemple, c'est à partir du principe que « je ne dois pas faire à autrui ce que je trouverais mauvais que l'on me fasse dans des circonstances semblables » que je peux savoir si dans ce contexte précis une action est bonne ou mauvaise, EPA, III.III.VI).

Critique du subjectivisme esthétique

Les beaux-arts sont un domaine dans lequel le vrai et le faux ont également leur place. En esthétique comme ailleurs, Reid ne se laisse pas déstabiliser par les sirènes relativistes, mais maintient le cap du réalisme. Ses analyses s'organisent autour de deux questions : la question de la nature du goût (s'agit-il d'une simple sensation ou d'un véritable jugement ?), et la question du statut des propriétés esthétiques (s'il s'agit de propriétés réelles, de quoi sont-elles les propriétés ?).

1. Contrairement au subjectivisme esthétique, Reid estime que lorsqu'on attribue une propriété esthétique à *x* (*x* pouvant être un objet, une personne, une action ou un paysage), on dit quelque chose du monde, on attribue une qualité à *x*, on ne fait pas qu'exprimer les états que l'on ressent face à *x* (même s'il est vrai que la perception de *x* suscite également un certain type de réaction émotionnelle, comme du plaisir ou du dégoût). Les propriétés esthétiques sont des propriétés réelles des objets, qui suscitent certaines réactions chez le sujet percevant.

Pour justifier ce point, Reid s'appuie notamment sur le constat d'une pratique linguistique commune : toutes les langues distinguent l'attribution d'une qualité à un objet (« c'est beau ») de l'expression d'une émotion (« ça me plaît »). Cette distinction linguistique est donc le signe d'une distinction réelle.

Le goût est le pouvoir de l'esprit par lequel nous discernons ce qui est beau ou laid dans la nature et les beaux-arts. En tant que tel, il fait intervenir un jugement. Quand nous qualifions un objet de « beau », nous jugeons que l'objet possède cette propriété esthétique. Sur ce point, le sentiment de goût fonctionne comme le sentiment moral : attribuer la beauté à un objet, c'est exprimer un sentiment (en anglais : *sentiment*), c'est-à-dire un jugement. Mais ce jugement n'est pas pour autant détaché de tout ressenti ou sensation (*feelings or sensations*, EIP, VIII.I, p. 574). Ce n'est pas un jugement froid, indépendant des réactions sensibles du sujet. Reid reconnaît que le goût est inséparablement lié à une sensation. Plus précisément, notre jugement sur la beauté d'un objet est *suivi*, accompagné d'une sensation (ici, une sensation de plaisir). Comme pour le sentiment moral, le sentiment de goût dépend du jugement que nous formons sur l'excellence réelle d'un objet. La sensation se règle sur le jugement. Ainsi en est-il du moins pour le goût rationnel. Reid est attentif au développement graduel des pouvoirs de l'esprit, et le goût ne fait pas exception : son déploiement est progressif (voir Jaffro 2019, p. 148, p. 174). À côté du goût rationnel, il existe un goût animal, dont l'exercice débouche sur un sentiment de plaisir ou de déplaisir, sans que soit formé de jugement sur l'excellence de l'objet dans son genre (EIP, VI.VI, p. 493). Entre ces deux extrêmes, il y a différents types de jugements de goût, au sein desquels les parts respectives du jugement et du plaisir varient, selon l'âge du sujet, ses intérêts et sa capacité de perception distincte.

2. Afin de préciser dans quelle mesure les propriétés esthétiques sont des propriétés réelles des objets, Reid distingue la beauté originelle de la beauté dérivée.

Dans le droit fil du platonisme esthétique, Reid estime que la beauté que nous percevons dans le monde (la beauté de la nature, la beauté d'une composition picturale ou musicale, ou la beauté d'un chant ou d'un geste) est une beauté dérivée, *signe* d'une beauté originelle qui réside dans l'esprit. La beauté originelle correspond aux perfections morales et intellectuelles de l'esprit de l'agent qui crée l'œuvre ou agit. Chez Reid, il n'y a pas de scission entre la morale et l'esthétique : quand on attribue une propriété esthétique à une personne (« belle », « déformée », « dégoûtante », « adorable »), un jugement moral est impliqué. Les propriétés esthétiques surviennent sur les propriétés morales, dont elles découlent « comme d'une fontaine » (EIP, VIII.IV, p. 601-602). Par exemple, la beauté d'un visage est une « beauté empruntée », qui dérive de la beauté originelle de la personne. Cette beauté originelle se trouve dans les qualités morales de la personne (comme sa bonté), dont les traits du visage sont les signes naturels (EIP, VI.VI, p. 493-494).

Les propriétés morales et esthétiques sont des propriétés réelles des objets des sens, mais il s'agit d'abord des propriétés des agents qui créent des œuvres ou réalisent des actions. Ce sont des propriétés réelles des objets des sens, mais de façon dérivée ou, comme le dit Reid, en un sens figuré (EIP, VII.III, p. 587). Au sens strict, la grandeur, la beauté et la vertu sont des propriétés réelles de l'esprit des agents, mais ces propriétés se diffusent et se manifestent dans les actions et les œuvres réalisées par ces agents. Ces derniers estampillent les œuvres de leurs qualités morales et intellectuelles ; ils leur impriment leur marque, leur signature. C'est ainsi que l'effet (les objets des sens, l'action visible) se voit attribuer une qualité réelle de la cause.

Reste à préciser comment nous percevons les propriétés esthétiques dans les objets des sens. Comment se fait-il que certaines qualités physiques des objets nous évoquent des qualités esthétiques (beau, sublime, mélodieux) ? Pour éclaircir ce point, Reid mobilise un schéma d'explication qui rend compte aussi bien de la perception esthétique, de la perception morale, que de la perception des pensées et des émotions d'autrui (voir Kroeker, dans Roeser (ed.) 2010). D'après ce schéma, certaines formes, couleurs et structures perçues par nos sens externes (comme un tas de galets sur la plage, une suite de sons) suggèrent immédiatement des propriétés esthétiques, dont elles sont les signes naturels. La coordination des qualités physiques et des qualités esthétiques n'est pas prise en charge par un raisonnement ; ce n'est pas non plus le fruit d'une découverte expérimentale. Elle est scellée dans les lois de notre constitution. En effet, nous sommes ainsi faits que, à la vue d'un arrangement de couleurs et de formes [niveau 1], nous jugeons avoir affaire à un bel objet [niveau 2] et nous éprouvons un sentiment de plaisir. Nous percevons les propriétés esthétiques à travers les objets sensibles et les actions humaines, sur lesquels elles s'impriment et se diffusent. À ce titre, la perception morale et la perception esthétique fonctionnent de manière similaire à la perception des états mentaux d'autrui via ses expressions faciales, le ton de sa voix ou ses gestes : de même que le sourire de mon interlocuteur est pour moi le signe de sa bienveillance à mon égard, certaines qualités matérielles des objets ou actions [niveau 1], qualités que nous percevons par nos sens, sont les signes des qualités morales des agents qui produisent ces objets ou actions [niveau 3]. Ces qualités morales ne sont pas perçues de manière isolée, abstraction faite des actions et objets dans lesquels elles se rendent sensibles. En effet, nous percevons les dispositions, les intentions et les qualités morales d'une personne [niveau 3] à même son comportement et ses actions, et les qualités morales et esthétiques des actions [niveau 2] sont suggérées par les qualités matérielles de ces actions [niveau 1], comme leurs coordonnées spatio-temporelles, ou encore les circonstances dans lesquelles elles sont accomplies (autant de propriétés auxquelles les qualités morales et esthétiques des actions ne sont pourtant pas réductibles).

Enfin, les qualités esthétiques et morales des actions [niveau 2] sont les signes des qualités esthétiques et morales des agents [niveau 3], qui sont elles-mêmes les signes des qualités morales du Créateur [niveau 4]. Les qualités morales des agents peuvent donc être considérées comme des propriétés morales dérivées : « l'excellence morale que nous voyons et que nous admirons chez certains de nos compagnons de création est une copie réelle mais bien pâle de cette excellence morale essentielle à Sa nature » (la nature de Dieu) (EPA, V.vii, p. 385). Il en va de même pour les qualités esthétiques que nous attribuons aux objets des sens. L'excellence réelle que nous percevons dans les œuvres de la Nature (comme le parfait ajustement des parties à leur fin respective et au tout) exprime la perfection de l'Auteur divin. La beauté que nous percevons dans la matière inanimée, végétale ou animale, dérive des perfections morales et intellectuelles qu'elle exprime : en d'autres termes, elle est la signature des perfections divines, la manière dont Dieu s'est rendu visible dans la nature (EIP, VIII.IV, p. 605-608). Chez Reid, les considérations esthétiques font la part belle à des considérations téléologiques, et renvoient très vite à la providence divine. Mais quelle place faut-il accorder à Dieu dans une philosophie de l'homme ?

Critique de l'antithéisme

Les œuvres publiées de Reid sont parsemées de considérations téléologiques, qui font état de l'ordre de la nature et nous rappellent que notre constitution est le produit d'une décision divine. Toutefois, elles semblent périphériques, au point que l'on pourrait penser que la philosophie de la religion n'est pas au cœur des intérêts de Reid.

Pourtant, à Glasgow, Reid a consacré une partie substantielle de ses enseignements à la théologie naturelle (voir EEP). Dans ses *Lectures on Natural Theology*, il passe en revue les attributs divins dont nous avons connaissance (la perfection, l'éternité, l'indépendance, l'immensité, l'unicité, la sagesse, la bonté, la véracité, la justice, etc.). Il précise également le rôle de la révélation dans l'acquisition de ces connaissances, et sa place par rapport aux autres sources de vérités. Dans ce domaine, nos connaissances peuvent être acquises par l'observation (« ce que nous voyons de son gouvernement dans ce monde »), par la consultation de notre raison (« les décrets de la raison et de la conscience ») ou par « la doctrine de la Révélation » (EPA, IV.XI, p. 285). Mais la révélation n'évince pas la raison : c'est toujours à l'aune de la raison que nous évaluons la nature et le contenu d'une révélation (EEP, p. 9).

La croyance à l'existence de Dieu

Aucun principe du sens commun ne portant spécifiquement sur l'existence de Dieu, il semble que la croyance que « Dieu existe » soit une croyance dérivée.

De nombreux éléments appuient cette idée, à commencer par l'ancrage expérimental de la philosophie morale. L'existence de Dieu est découverte par l'observation et le raisonnement. Sur ce point, Reid s'inscrit dans le sillage des philosophes qui exploitent la méthode expérimentale en faveur du théisme (comme Newton, Clarke, Butler ou Turnbull). Que « Dieu existe » est une vérité à laquelle nous parvenons à l'issue d'une preuve (*proof*) ou d'un argument. Cet argument a un pied dans l'expérience et un autre dans la constitution de l'esprit. En effet, parmi les premiers principes du sens commun, il y a des principes de vérités nécessaires qui parlent en faveur de l'existence de Dieu. Ainsi en est-il du principe selon lequel « aucune existence ou aucun mode de l'existence ne peut commencer sans une cause efficiente » (prémisse de l'argument cosmologique, EIP, VI.VI, p. 497), et du principe selon lequel « sur la base de certains signes ou traits dans l'effet, nous pouvons inférer qu'il doit y avoir intelligence, sagesse, ou d'autres qualités intellectuelles et morales dans la cause » (prémisse de l'argument téléologique ou argument du dessein, EIP, VI.VI, p. 508). Comme le précise Reid : « C'est sur ce principe », selon lequel l'intelligence dans l'effet est le signe de l'intelligence dans la cause, « que nous fondons notre croyance rationnelle en un dieu » (EPA, IV.II, p. 223). Dans les *Recherches*, l'existence de Dieu est également présentée comme une « conclusion évidente qui se tire de la perception par le moyen de la raison » (VI.XX, p. 205).

Cependant, d'autres éléments suggèrent que la croyance à l'existence de Dieu est une croyance de base, évidente par soi. À différentes reprises, Reid compare cette croyance à la croyance qu'il existe d'autres esprits intelligents. À première vue, l'objectif de ce rapprochement est clair : de même que personne ne songerait à mettre en cause la validité de l'argument téléologique quand il s'applique à nos semblables (argument selon lequel l'observation du comportement d'autrui nous donne l'assurance qu'il s'agit d'un être vivant doué d'intelligence), de même nous devrions en percevoir la force quand il s'applique à Dieu (« on pourrait se demander si les hommes, par le simple exercice du raisonnement, ne pourraient pas découvrir l'existence d'un Dieu, aussi rapidement qu'ils découvrent que d'autres hommes sont doués de vie et d'intelligence », EIP, VI.v, p. 483). Cependant, l'analogie prouve plus que cela. En effet, on peut douter du fait que la croyance qu'il existe d'autres hommes doués de vie et d'intelligence soit justifiée sur la base d'un raisonnement. Il s'agit plutôt d'une croyance naturelle, qui émerge très tôt dans notre vie, et qui est fondée sur la perception des actions et des paroles de nos semblables. Ces dernières sont des preuves immédiates (*evidence*, EPA, IV.VIII, p. 266) et des signes naturels de leurs pensées et de leurs passions. Par parité de raisonnement, il faudrait donc conclure que la croyance à l'existence de Dieu est immédiatement justifiée par les marques de sa sagesse que nous observons dans la nature. Certes, d'un point de vue psychologique, il ne s'agit pas d'une croyance que l'on acquiert très tôt, sa formation exige une maturité d'esprit. Mais cela ne remet pas en cause le fait qu'il s'agisse d'une croyance de base.

Si la croyance à l'existence de Dieu est immédiatement justifiée par la perception des marques sensibles de Dieu dans la nature, reste à savoir par quel pouvoir de l'esprit nous percevons de telles marques. Certains estiment que nous percevons immédiatement le divin grâce à un sens spécial, le *sensus divinitatis*. Héritée de Calvin, la postulation d'un tel sens du divin a été exploitée par des philosophes qui se réclament de l'épistémologie réformée (Wolterstorff, Plantinga et Alston). D'après eux, la croyance à l'existence d'un Dieu bon et sage est une croyance de base, immédiatement justifiée, au même titre que la croyance perceptive qu'« il y a un livre posé sur la table ». De même que cette dernière croyance est le produit immédiat de ma perception sensible, dont je prends la fiabilité pour accordée, la croyance à l'existence d'un Dieu bon et sage est le produit immédiat du *sensus divinitatis*, de la fiabilité duquel nous n'avons aucune raison de douter. Autrement dit, de même qu'il existe des croyances perceptives de base, qui ne sont pas inférées d'autres croyances, il existe des croyances religieuses de base.

S'il y a un air de famille incontestable entre l'approche de l'épistémologie réformée et l'analyse de Reid, parler de filiation n'est pas sans susciter des difficultés. Tout d'abord, l'épistémologie réformée ne travaille pas dans le sens de l'égalitarisme épistémique promu par Reid. Pour Reid, les croyances de base sont issues de pouvoirs de l'esprit qui sont communs, partagés par tous, et qui s'exercent très tôt chez les êtres humains. Or ce n'est pas le cas de la perception mystique (voir Alston 1991, p. 169). De plus, dans son travail d'anatomie de l'esprit, Reid ne met pas au jour le *sensus divinitatis*. S'ensuit-il que la croyance à l'existence de Dieu ne soit pas une croyance de base ? Loin s'en faut. Todd Buras (2021) montre que Reid ménage bien la place à un pouvoir de l'esprit grâce auquel nous pouvons percevoir que Dieu existe. Ce pouvoir de l'esprit, c'est le goût : car de même que nous percevons la grandeur et la beauté de l'esprit de l'artiste à travers ses créations, de même nous percevons la grandeur de l'esprit divin, et donc son existence, à travers les beautés de la nature, qui en sont les signes naturels, la « signature ».

Théisme et naturalisme

Une autre question qui agite les commentateurs est celle de savoir si les remarques de Reid sur l'Auteur de notre nature expriment une conviction profonde de sa part, sans laquelle il n'aurait pas entrepris de dégager inductivement les principes de l'esprit humain. Pour certains, Reid ne peut initier son enquête sur la nature de l'esprit humain que parce qu'il est convaincu que l'esprit humain – comme la nature en général – est l'expression de la sagesse divine et que, à ce titre, il est structuré autour de lois régulières. Le « naturalisme » de Reid serait donc « providentiel » (expression forgée par David F. Norton et reprise par Derek R. Brookes dans l'introduction à l'*Inquiry*, p. XIV). C'est en effet un présupposé qui fonde l'enquête : « L'œuvre de la Nature » est « l'œuvre de Dieu » (EPA, IV.v, p. 248). Même si le monde se présente à l'esprit de manière morcelée, nous pouvons l'étudier et, petit à petit, grâce à la méthode de l'induction, mettre au jour sa cohérence d'ensemble. La progressivité de la méthode est consonante à l'humilité intellectuelle qui doit animer le chercheur face à l'œuvre de Dieu.

L'optimisme épistémologique de Reid semble également découler de la conviction que Dieu existe. C'est parce que nos pouvoirs intellectuels font partie intégrante de la création divine que nous pouvons les considérer comme dédiés à une fin bien précise : la connaissance. « Nos pouvoirs intellectuels sont sagement adaptés par l'Auteur de notre nature pour découvrir la vérité, autant qu'il sied à notre état présent » (EIP, VI.VIII, p. 527). Dans ces conditions, nos facultés bénéficient d'une autorité divine, et les principes du sens commun qui leur sont amarrés se présentent comme des « révélations du sens commun ».

Mais s'il en va ainsi pour le *philosophe* qu'est Reid, qu'en est-il du *vulgaire*? Croit-il que Dieu existe et est vérace quand il prend pour accordée la fiabilité de ses facultés et observe le monde qui l'entoure? Pour connaître, faut-il que tout un chacun croie que Dieu existe et est vérace? Pour paraphraser une formule de Plantinga (1993, p. 237), les fleurs du fiabilisme en épistémologie poussent-elles nécessairement mieux dans un jardin théiste? Rien n'est moins sûr. En effet, Reid admet qu'un athée peut prétendre à un authentique savoir. Ses certitudes perceptives sont autant fondées que celles du croyant religieux. Plus généralement, les enfants comme les adultes, les ignorants comme les savants, sont tous aussi convaincus de l'existence des choses qu'ils perçoivent. À propos de cette croyance, Reid s'interroge :

> Dirons-nous alors que cette croyance est l'inspiration du Tout-Puissant ? Je crois qu'on pourrait le dire à bon droit. Car je pense que c'est un effet immédiat de notre constitution, qui est l'œuvre du Tout-Puissant. Mais si par « inspiration » il faut comprendre qu'elle implique d'être persuadé qu'elle vient de Dieu, alors notre croyance dans les objets des sens n'est pas une inspiration. Car un homme croirait ses sens, même s'il n'avait pas la notion d'un Dieu. Celui qui est persuadé qu'il est l'œuvre de Dieu et que c'est une part de sa constitution que de croire ses sens peut penser qu'il y a là une bonne raison qui confirme sa croyance, mais il y croyait avant qu'il ne puisse la justifier par cette raison ou une autre.(EIP, II.XX, p. 231-232)

Notre adhésion aux principes du sens commun n'est donc pas subordonnée à une caution divine. Ces principes définissent les contours du comportement cognitif humain dès l'enfance, alors même que la plupart des hommes ne croient pas en Dieu. Il n'en reste pas moins que cette croyance, une fois à l'esprit de l'homme mature, peut servir rétrospectivement à renforcer la confiance qu'il accorde naturellement à ses pouvoirs de connaître : elle acquiert alors un rôle de méta-justification. Elle contribue à asseoir l'autorité épistémique que nous accordons spontanément à nos pouvoirs intellectuels (voir Poore, dans eds. Copenhaver, Buras 2015). Autrement dit, elle permet de passer d'une connaissance instinctive à une connaissance réflexive des principes du sens commun. Comme le dit Reid, une fois que j'ai conscience de l'existence de « ce Maître bienveillant et fidèle », dont je connais « la paternelle attention et bonté », c'est par réflexion, et non plus simplement par instinct, que j'accorde ma confiance à mes sens (REH, VI.xx, p. 202-203). C'est donc dans l'acquisition d'une connaissance réflexive que le théisme a un rôle à jouer.

MATHÉMATIQUES ET PHILOSOPHIE NATURELLE

La chaîne des sciences

L'intérêt de Reid pour les sciences déborde du cadre de la philosophie de l'esprit. Son approche des sciences est holistique. Sa conviction selon laquelle les différentes branches du savoir forment un système cohérent et ont leurs racines dans des axiomes communs, fut d'ailleurs la raison pour laquelle il milita à Aberdeen pour le maintien du système des Régents.

Afin de comprendre la manière dont Reid concevait l'architecture des sciences, penchons-nous sur les *Oraisons*. Les quatre *Oraisons* (1753, 1756, 1759, 1762) sont des discours que Reid a prononcés au King's College, lors d'une cérémonie de remise de diplômes pour les étudiants dont il avait été le Régent pendant trois ans. Ces discours ont un caractère programmatique : Reid y effectue le bilan de santé de l'ensemble des sciences et constate que, comparés à la scientificité des mathématiques (établie depuis longtemps) et à la scientificité de la philosophie naturelle (récemment conquise), les autres champs d'enquête sont en piètre posture. Il importe donc de formuler des règles à suivre pour bien philosopher et enquêter dans l'ensemble des sciences. Plus précisément, Reid indique qu'il y a des lois générales de l'enquête philosophique, auxquelles s'adjoignent des règles propres aux objets d'étude.

Les sciences s'articulent comme les différentes parties d'un arbre : la philosophie correspond à un tronc qui ne doit être coupé ni de ses racines (le sens commun), ni de ses branches (les différentes sciences). La philosophie, les sciences, les arts libéraux et les arts mécaniques se soutiennent réciproquement : amputez l'arbre de l'une de ces sciences, c'est tout l'ensemble qui pourrit et se fane. Reid reprend une idée de Bacon : la philosophie naturelle fournit les racines à ces sciences que sont l'astronomie, l'optique, la musique, les arts mécaniques, la médecine, la morale, la philosophie politique et la logique (*Novum Organum*, I. 80). Si celles-ci poursuivent leur développement en se coupant de leurs racines, alors elles dégénèrent. Mais comme ces sciences entretiennent un rapport de soutien mutuel, alors le même résultat désastreux vaut pour la philosophie. En effet, les sciences et les arts entretiennent un rapport de « compagnonnage », de « mutualité », de

« confrérie », ou encore de « correspondance » : « La vraie philosophie est liée à toutes les sciences et à tous les arts libéraux, elle renferme tous leurs éléments, elle les nourrit et leur rapport est celui d'une alliance mutuelle » (« Oration II », EEU, p. 67, p. 71). Dans ces conditions, si la philosophie est dépourvue d'application et de prolongement (dans les domaines militaire, maritime, politique ou commercial), elle est comparable à du bois mort (*a piece of useless timber*, p. 71) et elle devient la risée de tous, bonne simplement à agiter le cerveau de moines ou de théologiens férus de scolastique.

La grande chaîne des sciences a son fondement dans les différents pouvoirs de l'esprit humain. L'ordre de développement de l'esprit (les sens, la mémoire, la réflexion, puis les facultés morales) conditionne l'ordre de développement des sciences (les sciences de la nature, puis la science de l'esprit). Quant à la culture de l'esprit proprement dite (*culture of the mind*), elle n'implique pas simplement l'acquisition de connaissances sur l'esprit humain, mais aussi la mise en pratique et l'amélioration de ses différentes facultés. Plus fondamentalement, à la suite de Cicéron et de Bacon, Reid envisage la culture de l'esprit comme une entreprise qui vise non seulement le développement des pouvoirs de chacun, le progrès moral de l'individu, mais aussi l'amélioration des conditions de vie des hommes. La culture de l'esprit doit avoir des effets bénéfiques sur la société. On juge d'ailleurs du bon développement d'une science à l'état de ses fruits et à sa capacité à promouvoir le bonheur du genre humain. Cette exigence d'utilité constitue la première règle à suivre pour bien philosopher.

La cinquième et dernière règle prescrit que chaque branche de l'enquête philosophique doit s'appuyer à la fois sur les notions et principes du sens commun *et* sur les axiomes et phénomènes propres au champ d'étude considéré (« Oration II », EEU, p. 77-79). Cette règle souligne d'un même mouvement la communauté de méthode qui doit animer toute recherche philosophique (il ne faut pas transgresser les principes du sens commun) et la spécification de la démarche de chacune selon les objets étudiés. Car s'il y a des premiers principes qui sont communs au genre humain et transversaux à toute recherche (ainsi en est-il du principe portant sur l'existence des objets matériels distinctement perçus), il y a aussi des axiomes plus substantiels, qui sont propres aux sciences étudiées. En effet, chaque science a un domaine d'objet spécifique : par exemple, les mathématiques étudient la quantité, mais le langage mathématique n'est pas approprié pour expliquer ce qui ne peut être quantifié ; la philosophie naturelle étudie les lois du mouvement, mais pas les causes du mouvement. Il faut veiller à bien circonscrire l'objet d'étude de chaque science et le type d'évidence qui lui est propre. Sur ce point, Reid reprend un enseignement d'Aristote : loin d'être animé par un désir d'unification, voire d'uniformisation des sciences, il est soucieux de rendre compte de la spécificité de chacune.

Les mathématiques

Dans l'appendice d'un article que Reid a consacré à la famille Gregory, son collègue James Millar, professeur de mathématiques à l'Université de Glasgow, note que les recherches philosophiques n'ont jamais *détourné* Reid de son inclination précoce et de son investissement assidu en mathématiques. Aux yeux de Millar, Reid n'est pas un philosophe qui, à ses heures perdues, se serait adonné à un exercice mathématique en guise de divertissement intellectuel ; il s'agit plutôt d'un philosophe « par accident ». Les recherches philosophiques de Reid ne seraient au fond qu'une excroissance de son intérêt premier et profond pour les mathématiques (prolongement qui aurait été incidemment déclenché par la lecture de Hume). Car c'est bien vers les mathématiques que penchait « la courbe originelle de son esprit » (Appendice de Millar à « Some farther particulars of the family of the Gregorys and Andersons », EEU, p. 177). Dès son plus jeune âge, Reid développa un intérêt pour l'algèbre et réfléchit aux propriétés des nombres, comme le montrent ses travaux préparatoires à la publication de son essai « Sur la quantité » en 1748. Et jusqu'à la fin de sa vie, il se pencha sur des problèmes mathématiques pointus, comme en témoigne son essai « Of the Relation between the Series of odd Numbers, and the Products and Powers of whole Numbers », daté du 23 février 1792.

L'un des débats qui agitait la communauté intellectuelle de l'époque portait sur la question de savoir si la force d'un corps en mouvement est proportionnelle à sa vitesse (Newton) ou au carré de sa vitesse (Leibniz). Dans les années 1730, Reid lut la correspondance de Leibniz et de Clarke à ce sujet, et prit position en faveur de Newton. C'est afin de rendre justice à la rigueur de la proposition newtonienne qu'il développa ses réflexions sur le concept de quantité.

Bien qu'il ne fût publié qu'en 1748, Reid travailla très tôt sur l'essai « Sur la quantité ». Dans ce texte, il définit les mathématiques comme la science des quantités. Une quantité ne désigne pas tout ce qui est susceptible de plus ou de moins (ce qui inclurait la colère ou la sagesse, le chaud ou le froid), mais tout ce qui peut être mesuré, ou tout ce qui est susceptible de doubler, tripler, etc. De plus, ce qui est quantifiable a des parties et peut être rapporté à une « quantité propre », comme l'espace ou la durée ; l'espace et la durée pouvant eux-mêmes être mesurés par le nombre. Ainsi, l'algèbre est la science de la quantité en général et la géométrie est la science de la quantité propre aux figures. Ce cadre étant posé, Reid montre que le raisonnement mathématique s'applique aux objets d'étude de Newton. En effet, la force d'un corps en mouvement est une « quantité impropre », qui peut être mesurée par une quantité d'un autre type, en l'occurrence la vitesse, qui est elle-même définie en termes d'« espace parcouru par un corps en un temps donné ». En fin de compte, selon Reid, pour statuer sur le débat qui oppose Leibniz à Newton, nous avons besoin non pas d'expériences ou de démonstrations mais d'une *définition* de la force ; car dans nos raisonnements et expériences, nous sommes toujours ramenés à une question de définition et de stipulation. Autrement dit, cette question de philosophie naturelle doit être déplacée sur le terrain de l'analyse conceptuelle. C'est le langage qui doit trancher. Or la définition newtonienne de la force d'un corps en mouvement s'accorde mieux avec l'usage commun du mot « force » que la définition donnée par Leibniz.

Une telle approche de la quantité permet également à Reid de critiquer la tentative de Hutcheson pour mettre en place un calcul dans le domaine moral (voir les trois premières éditions de la *Recherche sur l'origine de nos idées de la beauté et de la vertu* ; dans la quatrième édition : second traité, section III, § XI-XII). Reid montre que cette tentative échoue car les affections et les passions humaines ne sont pas mesurables : elles ne peuvent être associées à aucune quantité propre. Le langage le confirme, puisqu'il ne contient aucun terme désignant des degrés précis d'odeur, de plaisir ou de beauté (EEM, p. 38).

Enfin, dans l'essai « Sur la quantité », Reid s'exprime sur la méthode newtonienne du calcul des fluxions (ou vitesses instantanées), l'une des premières formes du calcul infinitésimal. Cette méthode fut l'objet de nombreuses critiques (comme celle de Berkeley dans *L'Analyste*, 1734). De son côté, Reid était familier des travaux des fluxionistes analytiques (mathématiciens britanniques qui, dans la seconde moitié du XVIIIe siècle, cherchèrent à élaborer un calcul qui ne soit pas immédiatement interprétable en termes géométriques). Faisant de l'algèbre la science mathématique fondamentale, Reid l'employait pour résoudre des problèmes géométriques. Son approche des textes mathématiques de Newton différait donc de celle de nombreux mathématiciens écossais de l'époque (comme Robert Simson), qui abordaient le calcul des fluxions à partir de l'intérêt de Newton pour la géométrie classique. Reid, sans nier la continuité du calcul newtonien avec la géométrie des Anciens, estimait que ce mode de calcul initiait une nouvelle ère en mathématiques. L'essai « Sur la quantité » est le reflet de cette position novatrice, car Reid y montre dans quelle mesure les fluxions sont des quantités impropres, qui doivent être rapportées à des nombres.

L'étude des fondements de la géométrie d'Euclide constitua une autre préoccupation constante de Reid. Il se pencha en particulier sur le statut problématique du cinquième postulat des *Éléments*, portant sur les lignes parallèles. S'il ne s'agit pas d'un axiome évident par soi, peut-on le démontrer ? L'entreprise semble compromise car il est impossible de dériver ce postulat de celui portant sur les lignes droites. En effet, il nous manque également une définition du concept de lignes droites, qui soit évidente par soi ou rigoureusement démontrée. Il est probable que sur ce point la réflexion de Reid fut en partie suscitée par la critique humienne des concepts géométriques de base (*Traité de la nature humaine*, I. II.4). En 1762, Reid lut au *Wise Club* un texte intitulé : « Euclid's definitions and axioms ». Il y exposa sa tentative pour éliminer les défauts logiques de la structure des *Éléments*, mais concéda son insatisfaction à ce sujet. Infatigable, il reprit ce problème dans les années 1790. Il étudia les diverses interprétations proposées par une longue lignée de mathématiciens avant lui, mais admit buter toujours sur la même difficulté.

Enfin, rappelons que l'intérêt de Reid pour les mathématiques n'était pas simplement théorique : il considérait les mathématiques abstraites comme des outils à mettre au service du progrès du genre humain. Dans son enseignement comme dans ses recherches, il encourageait la pratique des mathématiques mixtes, c'est-à-dire l'application des mathématiques dans des domaines aussi variés que l'astronomie, l'optique, la navigation, la comptabilité, l'artillerie ou l'ingénierie. Bien que Reid fût versé dans les mathématiques pures, c'est en tant qu'outil humaniste qu'elles l'intéressaient.

La philosophie naturelle

En mathématiques comme dans les sciences de la nature, les *Principia* de Newton faisaient office de phare dans la tempête des débats scientifiques : c'était *la* référence en fonction de laquelle Reid se positionnait et tranchait certaines questions, aussi bien en astronomie qu'en optique, en électricité ou en chimie. Parallèlement, Reid collaborait avec ses pairs et lisait les essais ou journaux faisant état de l'actualité de la recherche.

Ainsi, en astronomie, il débuta ses observations et ses calculs avec John Stewart, dès 1748. Il poursuivit avec ses collègues du *Wise Club* (notamment lors du passage de Vénus devant le Soleil, le 6 juin 1761). Parmi les objets d'étude sur lesquels il mena des recherches approfondies, on trouve en bonne place les études sur la forme de la Terre et la distance entre la Terre et le Soleil.

En optique, il étudia la théorie de la vision (comme le montrent les *Recherches*), mais aussi l'optique physique, se penchant sur les phénomènes d'aberration, de réflexion et de réfraction de la lumière. Il souscrivait à la théorie corpusculaire de la lumière, et plus précisément à une optique balistique, selon laquelle la lumière consiste en de toutes petites particules, qui obéissent aux lois du mouvement et sont soumises à des forces d'attraction et de répulsion. Reid devint toutefois de plus en plus sceptique à l'égard de l'idée selon laquelle on peut expliquer tous les phénomènes de la nature en termes de forces d'attraction et de répulsion (Wood, dans eds. Cuneo, Van Woudenberg 2004, p. 57).

Cette prudence était de mise en électricité. Il lut les *Experiments and Observations on Electricity* de Benjamin Franklin (1751), qui servirent de base à ses cours au King's College. Mais Reid estimait qu'il fallait résister à la tentation de considérer les « fluides » et les « effluves » comme des corps subtils réels et des causes efficientes de l'attraction et de la répulsion des corps.

En chimie, Reid se passionna pour la science de la chaleur. Il lut et discuta de façon minutieuse les théories des chimistes les plus importants de son temps (Boerhaave, Hales, Stahl, Black, etc.), se penchant notamment sur la question de l'existence du phlogiston. Son intérêt pour la chimie ne s'est jamais estompé : en 1790, suite à sa lecture d'une traduction du *Traité élémentaire de chimie* de Lavoisier, Reid réfléchissait à la question de la définition d'un « élément chimique ».

Du fait de ses activités de recherche, Reid avait une conception très précise de ce que devait être la méthode en philosophie naturelle. Il rappelle régulièrement la teneur de la première règle expérimentale de Newton (la règle de la « *vera causa* »), selon laquelle on ne doit admettre que des causes dont on peut montrer qu'elles existent et que des causes qui sont suffisantes pour expliquer les phénomènes. Selon lui, cette « règle d'or » est « le test véritable et propre par lequel ce qui est solide et sain dans la philosophie peut être distingué de ce qui est vide et vain » (EIP, II.III, p. 51).

Il souligne également que l'objet de la philosophie naturelle est différent de celui étudié par la métaphysique. En effet, à chaque science sa province (en physique : les phénomènes naturels ; en métaphysique : les causes efficientes). De même, à chaque science sa méthode (l'induction pour la physique, le raisonnement abstrait pour la métaphysique). Cette conviction guide Reid dans ses recherches en histoire naturelle, notamment lorsqu'il se penche sur la question de la génération des plantes et des animaux (EEA). Sur ce point, il s'oppose à Priestley, mais aussi à Lord Kames, ce dernier estimant que la matière peut être active. Kames présente la gravité comme un pouvoir inhérent aux particules de matière, qui leur permet de se diriger vers d'autres particules. Reid lui réplique que nous ne devons pas prendre notre incapacité à percevoir de différence entre la matière brute et l'état élémentaire des plantes et des animaux comme une preuve de leur identité de nature. Les plantes et les animaux sont *dès le début* un ensemble d'atomes organisés, qui a simplement besoin d'un environnement approprié pour se développer (EEC, n°46, novembre-décembre 1774). La matière ne peut pas « se donner » la vie et être une « cause » de la vie (de la même manière qu'un ensemble de lettres n'a pas le pouvoir de s'auto-organiser et de former l'*Iliade*). Le seul agent capable d'être cause de la vie, c'est Dieu.

L'argument de Reid repose sur l'analyse du concept de cause. Une authentique cause, une cause au sens strict et philosophique, est une cause efficiente, c'est-à-dire un être qui a le pouvoir et la volonté de produire un effet. Une cause a le pouvoir d'agir parce qu'elle a préalablement conçu l'action à accomplir et parce qu'elle l'a voulue. Dans ce cadre, la matière ne saurait être la cause de la vie, et les forces d'attraction et de répulsion ne sont pas des causes efficientes du mouvement. Reid a une conception stricte et exigeante de la nature d'une cause : une cause n'est pas simplement « ce qui produit un changement, un effet », ou encore « ce qui, dans le cours de la nature, précède ces phénomènes et leur est relié » de manière constante (EPA, I.VI, p. 53). Si tel était le cas, alors il faudrait dire que la nuit est la cause du jour, et le jour la cause de la nuit. Cette mise au point linguistique étant faite, il en résulte que, en philosophie naturelle, expliquer un phénomène, ce n'est pas en donner la cause (au sens strict du terme), mais c'est montrer que le phénomène observé découle d'une loi de la nature ; autrement dit, c'est trouver la loi qui régit ce phénomène (EPA, I.VI, p. 54-55). Selon Reid, si on qualifie une loi de la nature de « cause », c'est en un sens large et relâché. Une loi de la nature est une régularité, c'est la règle selon laquelle une cause efficiente (qui l'a conçue dans son esprit) agit. Dès lors, enquêter sur la cause des lois de la nature revient à quitter le domaine de la philosophie naturelle pour celui de la métaphysique et de la théologie naturelle, et à s'aventurer sur le terrain de la volonté divine. Or sur ce point, nous sommes dans le noir. Nous ne pouvons faire que des conjectures : par exemple, nous ignorons jusqu'où Dieu est impliqué dans la production des phénomènes de la nature, et s'il y a des causes efficientes subordonnées. De plus, si Dieu est la cause efficiente des lois de la nature, cela implique qu'il aurait pu concevoir et vouloir des lois de la nature différentes de celles qui sont effectivement à l'œuvre. Par conséquent, même si les événements sont les effets nécessaires des lois de la nature, ces dernières ne sont nécessaires que de façon contingente ; leur nécessité ne s'exerce qu'une fois que Dieu les a voulues (Copenhaver 2006).

Comme Reid le précise dans l'essai « Of Power », il faut distinguer la causalité véritable (ou causalité métaphysique) de la causalité physique. Si un agent est une authentique cause d'action, il reste souvent derrière la scène. Dans le domaine de la philosophie naturelle, nous n'observons que des changements et des événements qui se suivent de manière régulière, mais nous ne voyons ni la chaîne qui les relie, ni leur cause efficiente. À tel point que si nous n'avions accès qu'aux phénomènes extérieurs, nous n'aurions même pas l'idée de cause. Nous n'avons l'idée de cause et de pouvoir actif que parce que nous avons conscience d'être nous-mêmes les centres réels de nos actions.

PENSÉE ÉTHIQUE, JURIDIQUE, POLITIQUE ET ÉCONOMIQUE

Philosophie et progrès social

Conformément à l'éthique du savoir propre aux Lumières écossaises, Reid concevait l'investigation dans les sciences sociales comme un moyen en vue d'une fin : le bonheur de ses concitoyens. Loin de s'atteler uniquement à un travail de psychologie descriptive, il prit part à un programme de recherche plus vaste, qui étudiait la nature humaine dans ses dimensions sociale, politique et économique, afin de conseiller des aménagements législatifs susceptibles de contribuer au progrès économique et social de l'Écosse.

C'est ainsi qu'au sein du *Wise Club* à Aberdeen, tout comme à la Société littéraire de Glasgow, Reid et ses collègues abordaient régulièrement des sujets politiques et économiques très concrets. Il y était question des lois agricoles, de la dette nationale, de la monnaie, du commerce, de l'esclavage, de la démographie, etc.

À Glasgow, Reid prit clairement position en faveur du mouvement abolitionniste. Fidèle à ses convictions *whig*, il défendit également la première phase (modérée et réformiste) de la Révolution française et se félicita de la création de l'Assemblée Nationale. Il dut toutefois affronter une campagne de dénigrement, qui fut orchestrée contre lui et ses collègues républicains. Quelques années plus tard, il présenta devant la Société littéraire de Glasgow un texte intitulé « Some Thoughts on the Utopian System » (28 novembre 1794, EES). Ce texte fut remanié pour une publication dans le *Glasgow Courier*, sous le titre « On the Dangers of Political Innovation » (18 décembre 1794, EEU). Dans sa nouvelle mouture, amputé d'une partie substantielle du texte initial, le texte accentue les réserves de Reid au sujet des récents événements français (une évolution politique progressive et continue valant mieux, selon lui, qu'une révolution subite, totale et violente). Toutefois, comme le souligne Paul Wood, il faut appréhender cet article avec prudence, car il n'est pas sûr que Reid en ait entièrement supervisé la confection. Il est probable que sa publication visait surtout à servir les intérêts du journal, très réservé à l'égard des politiques réformistes radicales. En tout état de cause, si la situation politique avait changé (en France, c'était l'époque de la Terreur), la position de Reid n'avait pas bougé : il restait convaincu de la nécessité d'associer la vie sociale et politique à une profonde réforme morale.

Les voies de la perfection morale

« La fin du gouvernement est le bonheur de la société, qui ne peut être obtenu qu'en la rendant bonne et vertueuse » (EPA, III.II.VIII, p. 167). Un gouvernement n'est légitime que s'il met les hommes sur la voie de la perfection morale et que s'il cherche activement à les rendre vertueux. Il doit favoriser l'égalité d'accès de chacun au progrès moral et encourager le développement de la « vertu industrieuse » et de toutes les habitudes qui rendent un homme heureux et utile à la société. Pour ce faire, l'instruction par l'exemple et par la lecture de cas édifiants est utile. Mais la meilleure méthode consiste à rendre les hommes vertueux *par le dedans*, c'est-à-dire en inculquant très tôt aux enfants la vertu, les bonnes habitudes et les justes sentiments.

Toutefois, si l'homme est doté d'un sens moral qui lui indique dans chaque situation ce qu'il est bon ou mauvais de faire, on pourrait s'interroger sur l'utilité d'une éducation morale. Si l'homme est doté d'une conscience qui lui fait sentir immédiatement la force et l'évidence des principes moraux, pourquoi devrait-il être *amélioré* moralement ? Loin d'être déstabilisé par l'objection, Reid observe que l'instruction est nécessaire en morale (EPA, V.II, p. 301). Il y a différentes raisons à cela : tout d'abord, la perception des vérités en morale, même les plus évidentes, requiert une certaine maturité du jugement qui s'acquiert par le temps et l'exercice. De plus, pour considérer les vérités morales en toute impartialité, il faut se déprendre d'un certain nombre de préjugés et de mauvaises habitudes qui faussent nos opinions. Tout ceci requiert un effort et une forme de lucidité sur soi, que l'éducation doit encourager. Dès lors, l'instruction morale consiste à mettre en place les conditions qui favorisent le plein accès de chacun aux premiers principes de la morale, sans que ceux-ci soient obstrués par l'intérêt, les passions, les préjugés et la mode. Dans son introduction à l'éthique pratique, Reid précise :

> il n'y a presque aucun devoir moral qui, une fois proprement expliqué et délimité, ne se recommande pas de lui-même au cœur de tout homme candide et dépourvu de préjugé. Car tout homme a en lui une pierre de touche de la morale, à savoir les prescriptions de sa propre conscience qui approuve ce qui est bon et condamne ce qui est mal, quand cela lui est présenté de façon correcte et qu'il le considère sans préjugé. (EEP, p. 10-11)

Les prescriptions morales doivent donc nous être présentées de façon correcte. C'est pourquoi les « systèmes de morale » sont instructifs. Ces systèmes, qui exposent nos devoirs et ce qui est bon dans la conduite humaine, doivent être distingués de la théorie morale, qui étudie les pouvoirs par lesquels l'esprit distingue le bien du mal dans les actions humaines. Les objets étudiés par la théorie morale sont une condition nécessaire à l'existence des devoirs, mais il n'est pas nécessaire d'être « philosophe et métaphysicien » pour connaître son devoir et agir moralement (EPA, V.II, p. 306). On peut agir moralement sans avoir connaissance des conditions qui rendent possible l'action morale. Quant aux systèmes de morale, ils ne portent pas à notre connaissance des objets totalement inédits. La connaissance de leurs devoirs est en effet à la portée de tous les hommes (du moins si leur entendement est parvenu à maturité, s'ils ont été exhortés à exercer leurs facultés morales, et si la calme voix de l'amour de la vérité n'est pas « couverte par le bruyant appel de la passion » ou par « la paresse et la désinvolture »). Malgré tout, ces systèmes de morale sont utiles. Comparable à un classement taxinomique en botanique ou en minéralogie, la présentation des devoirs sous la forme d'une systématique permet aux hommes de saisir aisément la manière dont s'articulent leurs différents devoirs, et de les retenir plus facilement. Car « telle est la faiblesse de l'entendement humain, qu'il ne peut facilement concevoir et mémoriser une grande somme de connaissances si ces dernières ne sont pas arrangées et rendues méthodiques, autrement dit, réduites en système » (EPA, V.III, p. 309). Les systèmes de morale permettent d'avoir une vue claire et synoptique de nos devoirs, et ainsi de les fixer fermement dans notre esprit.

Reid accorde une place de choix à une telle connaissance : « connaître son devoir constitue pour tout homme, quelle que soit sa condition, la plus importante des connaissances » (EPA, V.I, p. 294). La perfection de l'homme résidant dans l'accomplissement de son devoir et dans l'action conforme à ce qu'exige sa place dans la société, la science des devoirs est une branche essentielle de la philosophie. Elle cartographie les rôles et tâches (*officium*) qui reviennent à chacun. Elle précise « la finalité de notre être et le rôle qui nous a été assigné sur le théâtre de la vie » (EPA, III.I. 1, p. 92). Sur ce point, l'influence du stoïcisme est palpable. Reid se réfère souvent au *De officiis* de Cicéron, dont il avait commencé (puis abandonné) la traduction. Le christianisme n'est pas en reste : le monde moral étant le fruit d'un ordonnancement divin, la perfection morale de l'ensemble suppose que chacun accomplisse son devoir et développe au mieux la nature morale dont Dieu l'a doté.

La jurisprudence naturelle

Fidèle à la tradition jusnaturaliste moderne, Reid considère les lois civiles comme adossées à la loi naturelle, dont la finalité est la protection des droits naturels individuels (liberté, satisfaction des besoins, développement des capacités morales). Ces droits naturels sont assortis de devoirs et d'obligations à l'égard d'autrui. L'un ne va pas sans l'autre : « l'ensemble des droits qu'ont les hommes leur indique l'ensemble des devoirs qu'ils ont les uns envers les autres » (EPA, V.III, p. 307).

Pourtant, Reid reconnaît que les systèmes de jurisprudence naturelle, qui traitent des droits naturels, ont souvent pris le pas sur les systèmes de morale, qui traitent des devoirs. Il y a différentes raisons à cela. Ainsi, le fait de se considérer comme soumis à un certain nombre de devoirs renvoie « une idée plus humiliante » de soi-même que le fait de se considérer comme doté de droits. À cela s'ajoute le fait que la difficulté à se remémorer les détails des juridictions civiles a conduit les hommes à élaborer des systèmes juridiques exposant leurs droits civils. Ils ont alors pris conscience de l'utilité de ces systèmes et ont décidé d'en faire de même pour les droits naturels des hommes et des États. Mais selon Reid, pour qu'une société soit juste *et* morale, il ne faut pas viser la protection des seuls droits parfaits, qui relèvent de la justice au sens strict et qui sont exposés dans les systèmes de jurisprudence civile et naturelle; il faut également garantir l'exercice des devoirs de charité et d'humanité, « sans lesquels le système de la morale serait tout à fait bancal » (p. 308).

Les devoirs de charité et d'humanité sont les corollaires de droits imparfaits (comme le droit qu'a autrui d'exiger notre aide et notre sollicitude). Nous ne sommes pas seulement soumis au devoir de ne pas faire de mal à autrui, nous devons aussi nous efforcer de faire le bien, dans la mesure de notre pouvoir (EEP, p. 37, p. 78). Sur ce point, Reid se distancie de Hume (*Traité de la nature humaine*, III.III. 3) et de Smith (*Théorie des sentiments moraux*, II.II) qui pensent la justice comme étant avant tout dédiée à la protection des droits parfaits. Pour Reid, la jurisprudence naturelle ne doit pas être comprise séparément d'un système de morale. La garantie des droits imparfaits n'est pas surérogatoire, c'est le seul moyen de « rendre les citoyens bons et justes » (EPA, V.III, p. 312).

Les devoirs que nous avons envers nos semblables varient selon que nous nous trouvons à l'état de nature, dans le cercle social de la famille ou du travail, ou dans une société politique. « Ils règlent l'existence des magistrats et des sujets, des maîtres et des serviteurs, des parents et des enfants, des citoyens et des étrangers, des amis et des ennemis, des vendeurs et des acheteurs, des débiteurs et des créanciers » (EPA, V.II, p. 304). À l'état de nature, nous avons le droit naturel à la liberté, à la préservation de nous-mêmes et au développement de notre potentiel moral ; nous avons aussi le devoir de ne pas compromettre ces droits chez autrui, et de contribuer à leur protection et à leur développement. La vie domestique s'organise également autour de ces droits et de ces devoirs naturels : il en découle un certain nombre d'obligations mutuelles entre mari et femme, parents et enfants, maître et serviteur. Enfin, dans une société politique, il y a des devoirs mutuels entre gouvernants et gouvernés, ainsi qu'entre États. À tous les niveaux du mille-feuille social, c'est l'impératif du bien commun qui conditionne les détails de la jurisprudence naturelle.

Dans le droit fil du contractualisme, Reid estime que les obligations mutuelles qui régissent les rapports entre les gouvernants et les gouvernés sont définies par le contrat social, auquel les individus souscrivent volontairement, pour des raisons essentiellement prudentielles et morales (cela leur permet de garantir la protection de leurs droits naturels). Toutefois, Reid note que dans les sociétés politiques actuelles, les individus peuvent être liés par des rapports d'obligation alors même qu'ils n'ont pas explicitement souscrit à un contrat social (« Social Contract as Implied Contract », EEP). L'obligation est alors *quasi ex contractu*, c'est-à-dire qu'elle vaut de la même manière que s'il y avait eu un contrat (Reid reprend une notion introduite par Hutcheson dans *A Short Introduction to Moral Philosophy*). En effet, le seul fait d'endosser un rôle social, en agissant conformément à la nature de ce rôle, revient à faire comme si nous nous étions formellement engagés par un contrat à respecter les obligations qui sont naturellement attenantes à ce rôle, même si dans les faits nul contrat n'a été explicitement souscrit. Ainsi, le fait d'endosser la fonction de gouvernant implique naturellement de respecter un certain nombre d'obligations. C'est la conformation à ces obligations naturelles (au sens où elles sont fixées par la loi de nature, qui vise toujours la promotion du bien commun) qui légitime le gouvernant ou le magistrat dans ses fonctions, et qui légitime le citoyen dans ses requêtes, quelle que soit par ailleurs la manière dont la société politique a été effectivement mise en place (fût-ce dans la violence). Deux exemples permettent de comprendre ce point.

Tout d'abord, la délimitation du droit de propriété. Selon Reid, le droit à la propriété doit être circonscrit : comme Locke (*Second traité du gouvernement civil*, § 36), il estime que nous n'avons le droit d'occuper des terres que dans la mesure où elles sont nécessaires à la satisfaction de nos besoins, à la satisfaction des besoins de ceux dont nous avons la charge, et qu'à la condition que cela n'interfère pas avec les droits naturels de nos prochains. Qui plus est, dans ce cadre délimité, l'appropriation des terres contribue au développement de notre potentiel moral, puisqu'elle mobilise notre industrie et notre générosité. Mais dès lors que c'est la société civile qui assure la réalisation du bien commun, c'est à elle que revient l'entière prérogative sur la propriété privée (« VI. Property », EEP). Dans ces conditions, contrairement à ce que préconisait Locke (*Second traité du gouvernement civil*, § 138), l'État n'a pas à demander aux individus la permission de s'arroger des terres. L'État a le droit d'usurper la propriété privée pour un usage public – après une juste compensation. Reid justifie cette « propriété éminente » en se référant à l'exigence du bien commun, qui prime sur toute autre considération (EPA, V.v, p. 342).

Second exemple : le droit de résistance. Selon Reid, l'exercice de ce droit n'est légitime que dans des conditions exceptionnelles, lorsque le bien commun l'exige. Il faut en effet éviter autant que possible un changement violent et complet de gouvernement. Telle était la teneur de l'article paru dans le *Glasgow Courier*, baptisé pour la circonstance : « On the Dangers of Political Innovation ».

Mais rappelons que Reid était beaucoup plus audacieux dans le texte initial (« Some Thoughts on the Utopian System »). Cet essai de théorie politique se présente comme une réflexion « spéculative » et « visionnaire », sur le modèle de l'*Utopia* de More (1516) et du *Commonwealth of Oceana* de Harrington (1656), qui fascinaient Reid. Dans « Some Thoughts », Reid expose les principes sur la base desquels les hommes devraient agir dans un système politique. Ce faisant, il dessine le portrait d'une République morale. Selon lui, dans une société idéale, la propriété privée est absente. Tout est possédé et administré par l'État. En effet, la propriété privée ne concourt qu'à exacerber l'amour de la distinction, creuser le fossé entre les riches et les pauvres et corrompre moralement les hommes. Pour promouvoir le bien commun, il faut remplacer l'effort économique par l'effort moral, et donc encourager les actions tournées vers le bien d'autrui (par l'instruction morale, ou par la distribution d'honneurs publics à ceux qui contribuent à la richesse commune).

La politique : science de la nature humaine et du corps politique

Au XVIIIe siècle, la politique n'est pas encore une science. Pour qu'elle puisse se constituer en tant que science, il faut mettre au jour ses principes et axiomes (« Principles of politics », EES, p. 26-27). Selon Reid, de tels principes n'ont pas de valeur déontique : ils indiquent non pas comment les hommes doivent agir, mais comment ils agissent quand ils sont placés dans le bain de tel contexte social et de tel environnement politique. Autrement dit, ils décrivent les traits généraux de la nature humaine, et en particulier des interactions humaines. C'est pourquoi ils ont une forme conditionnelle, du type : « si les hommes se trouvent dans tel ou tel contexte socio-politique, alors ils sont susceptibles de se comporter de telle ou telle façon ». Reid énumère douze principes, sans prétendre fournir de liste exhaustive (p. 23-24). Parmi eux, on trouve les principes suivants : « les hommes sont généralement justes, honnêtes et sincères, quand ils n'ont pas d'incitation à agir autrement », « s'ils sont soumis à de fortes tentations, la plupart des hommes feront des choses contraires à leur véritable intérêt ou à leur devoir, que ce soit en connaissance de cause ou en se leurrant », « le peuple n'acceptera pas les lois des gouvernants, à moins qu'il croit qu'ils sont dotés d'un pouvoir supérieur, d'une sagesse supérieure, et de la vertu ou du droit de gouverner » (voir aussi EIP, VII.III, p. 559).

Ces principes sont issus d'observations empiriques. En effet, c'est par généralisation empirique que se constitue notre connaissance des comportements socio-politiques des hommes. Les premiers principes de la science politique sont des principes que nous découvrons et que nous mettons au jour au gré de nos expériences. Ce ne sont donc pas des principes originels de la constitution humaine, que nous apporterions avec nous au moment de faire des expériences. En d'autres termes, les principes de la science politique sont des principes que nous dégageons progressivement au fil de nos expériences, mais ce ne sont pas des principes du sens commun, qui seraient naturellement présupposés dans notre expérience des affaires humaines (Jaffro, Freitas 2020, p. 286). Par conséquent, le onzième premier principe des vérités contingentes, selon lequel « beaucoup d'événements qui dépendent de la volonté de l'homme ont une probabilité évidente par soi, plus ou moins grande selon les circonstances » (EIP, VI.V, p. 488), n'a pas le même statut que les principes de la science politique : il constitue le cadre au sein duquel le raisonnement politique pourra se dérouler. Ce n'est en effet que si nous présupposons que nos semblables agissent pareillement dans des circonstances similaires que nous pourrons enquêter et préciser comment, de fait, ils agissent quand ils sont placés dans certaines circonstances socio-politiques. Outre une riche expérience des hommes (qui fait varier les circonstances d'observation, comme l'âge, le sexe, le rang et la profession des personnes observées), la découverte des principes de la science politique suppose une bonne connaissance des principes de l'action humaine, c'est-à-dire de tout ce qui incite les hommes à agir (EPA, III.I.I, p. 91).

Cependant, s'il n'y a pas de connexion nécessaire entre les motifs et les actions des agents, la constitution d'une science de la nature humaine et, partant, d'une science politique, n'est-elle pas compromise ? Reid aborde d'emblée cette question (EES, p. 28-30) et y répond négativement. Selon lui, c'est le nécessitarisme qui compromet la constitution d'une science sociale, dans la mesure où cette thèse implique que les hommes ignorent la nature de la plupart des causes qui les poussent à agir (dans un cadre nécessitariste, cette ignorance est la seule manière d'expliquer comment il se fait que des personnes, dans certaines circonstances, agissent d'une certaine manière, alors que d'autres personnes, dans des circonstances apparemment semblables, agissent différemment). La thèse libertarienne, quant à elle, ne compromet pas la constitution de la science politique, puisqu'une telle science ne requiert pas l'invariabilité du comportement des hommes, mais simplement sa plus ou moins grande uniformité. Or une telle exigence est compatible avec l'idée selon laquelle les agents sont libres. En effet, même si un agent est libre de vouloir faire *x* ou *y*, cela n'empêche pas que, étant donné son caractère (vertueux, peureux, colérique, etc.), il aura tendance à agir d'une certaine façon. De plus, les hommes ne sont pas tous parfaitement vertueux ou vicieux, ils le sont plus ou moins, à différents degrés. Autrement dit, ce sont des âmes grises, dotées d'un « caractère moyen » (*a middle character*, p. 34). Et c'est cette immense cohorte des âmes intermédiaires qu'étudie la science politique. Elle n'étudie ni les idiots ou les âmes perdues (dépourvus d'entendement commun, ils ne sauraient constituer une société, ils sont comparables à des hommes « nés sans mains ni pieds », p. 30), ni les individus parfaitement vertueux, qui peuvent vivre sans lois. Ainsi, les principes de la science politique rendent compte de la manière dont les hommes se comportent généralement dans des circonstances données. Ils ont une forte probabilité, mais ils ne sont pas infaillibles. Ils peuvent varier selon l'épaisseur de notre connaissance des hommes, et ils n'excluent pas que des individus placés dans des circonstances identiques agissent différemment.

De même, notre connaissance des corps sociaux ne peut prétendre qu'à une plus ou moins grande probabilité. Car eux aussi peuvent se comporter différemment de ce que les principes de la nature humaine laissent présager. Sur ce point, la position de Reid associe habilement « individualisme » et « anti-singularisme » (Jaffro, Freitas 2020, p. 292-293). Du premier point de vue, Reid montre que les mouvements d'un corps politique dépendent étroitement des mouvements des individus qui le composent. Le corps politique est comparé à une grande machine, dont les individus constituent les parties. Mais Reid souligne aussi que le corps politique est une personne morale à part entière, dotée d'une intention et d'une conscience qui lui est propre (EES, p. 80, p. 94). C'est pourquoi les droits et les devoirs d'un corps politique ne sont pas une simple projection, à une plus grande échelle, des droits et des devoirs des individus.

La science politique examine les différentes formes de gouvernement, leurs causes, leurs effets, et elle détermine celle qui réalise le mieux la fin des hommes. Dans son analyse, Reid mobilise l'observation, mais aussi des ressources philosophiques, comme Xénophon, Platon et Aristote pour les Anciens ; Machiavel, Harrington, Hume (*Essais moraux et politiques*) et Montesquieu pour les Modernes. L'influence de *L'esprit des lois* (1748) est perceptible quand Reid distingue et compare les trois formes de gouvernement : le despotisme, la monarchie et la république (« Monarchy », EES). De cette comparaison, c'est la monarchie parlementaire britannique qui sort gagnante (« The British Constitution », EES). Selon Reid, le système politique britannique est sain, car bâti sur la distinction et l'équilibre des pouvoirs judiciaire, législatif et exécutif, et sur la répartition adéquate des prérogatives du Roi (*Court*), des nobles (*House of Lords*) et du peuple (*House of Commons*). Lorsqu'il applaudit à la Révolution française, il prit d'ailleurs soin de préciser que ce jugement n'impliquait de sa part aucune critique de la Constitution de la Grande-Bretagne (EEC, n°116, juillet-août 1791). Quand bien même ses réflexions en théorie politique l'ont conduit à imaginer une société utopique radicalement différente de celle qu'il avait sous les yeux, de façon plus pragmatique Reid restait attaché à la Constitution britannique (pourtant héritée de la Révolution de 1688), parce qu'elle fournissait un cadre institutionnel sûr, rempart à l'incertitude inhérente à tout changement politique radical.

Les révolutions sont considérées comme des soubresauts qui secouent et déséquilibrent le corps social. Pour nous faire saisir ce point, Reid convoque l'analogie avec l'organisme : de même que le bon fonctionnement du corps humain suppose parfois quelques purges, l'équilibre du corps politique et la réalisation du bien commun supposent que chaque partie ou organe du corps politique réalise sa fonction propre. Quand ce n'est pas le cas, il faut amputer le corps public des organes pourris (EES, p. 25-26, p. 33, p. 162). D'autres cures ou prescriptions font partie de la palette médicale de l'expert en science politique. Leur mise en œuvre est l'affaire de l'économie politique.

L'économie politique

L'économie politique réfléchit aux moyens concrets de rendre la société heureuse et vertueuse. Dans cette enquête, la politique est envisagée sous son versant pratique : c'est l'art d'organiser et de gouverner les sociétés de façon à ce qu'elles répondent aux fins des hommes. Alors que la science politique à strictement parler est une science abstraite (au sens où elle étudie les comportements des hommes en général, dans certains types de gouvernements), l'économie politique étudie les réformes politiques précises qui peuvent être mises en place par un gouvernement particulier, dans un contexte singulier, dans le but de promouvoir le bonheur et le développement de la société. Elle examine tous les leviers sur lesquels le gouvernement peut agir, parmi lesquels le contrôle démographique, l'instruction du peuple, le rôle des banques, la régulation des prix et des taux d'intérêt, le niveau des salaires, les impôts, la mise en place de greniers à grains, etc.

Évidemment, face à des objets d'étude aussi éclatés, on peut se demander s'il est possible de les organiser en une science. Quand Reid présente ses leçons sur ce sujet, et quand il introduit ces discussions lors des rencontres littéraires à Aberdeen et à Glasgow, *La Richesse des nations* de Smith n'a pas encore paru (1776), ni l'ouvrage de

James Steuart (*An Inquiry into the Principles of Political Oeconomy*, 1767). L'économie politique doit encore gagner ses lettres de scientificité. Il ne serait pas exagéré de dire que, par ses discussions serrées et informées, Reid a contribué à l'organisation de ces divers objets d'étude au sein d'une authentique science.

Parmi la diversité des questions traitées, arrêtons-nous sur deux d'entre elles, dont le traitement montre que Reid ne les abordait pas à travers le prisme d'une idéologie, mais en étant guidé par un authentique souci du bien commun, raison pour laquelle ses prises de position, loin d'être dogmatiques, ménagent un subtil équilibre entre libéralisme et interventionnisme étatique.

En 1778, Reid propose à ses amis de Glasgow de réfléchir à la question de savoir s'il faut réguler les taux d'intérêts (« Whether is it proper that the interest of money should be regulated by law in cases where the parties have contracted », EES). À cette question, il apporte une réponse nuancée : tout dépend des circonstances de l'action, en l'occurrence du contexte économique, social et politique dans lequel se déroule le prêt. Dans des sociétés primitives, non commerciales et très hiérarchisées, les taux d'intérêt sont *perçus* comme immoraux (*a fortiori* dans des cas d'usure, qualifiés de « criminels ») ; mais ce n'est pas le cas dans des sociétés modernes et commerciales. Faut-il en conclure qu'il n'y a pas d'accord universel sur les principes de la morale ? Loin d'être une entorse à l'objectivisme moral, cette remarque se comprend mieux si l'on est attentif à la manière dont les passions et les intérêts privés influencent et corrompent les jugements moraux, et si l'on prend en compte le fait que les hommes concluent à la moralité ou à l'immoralité d'une action *dans toutes les circonstances*, alors même qu'ils sont placés dans des *circonstances spéciales*. C'est cette inattention aux circonstances de l'action qui explique le désaccord moral des Anciens et des Modernes. Car dans des sociétés dans lesquelles on emprunte non pas parce qu'on y est acculé par la pauvreté, mais parce qu'on veut entreprendre et développer le commerce, l'absence de régulation du taux d'intérêt n'est pas en soi un mal. Il faut même laisser au marché le soin de le réguler. Sur ce point, Reid adopte une position plus libérale qu'Adam Smith, qui recommande de fixer un taux d'intérêt maximal (*Recherche sur la nature et les causes de la richesse des nations*, II.IV) ; et il anticipe la position de Bentham qui, dans sa *Défense de l'usure* (1787), s'oppose à l'imposition d'un plafond légal au taux d'intérêt. Reprenant la question dans une lettre adressée à James Gregory (EEC, n°107, 5 septembre 1788, p. 202-203), Reid précise que si le taux d'intérêt doit être régulé quand les emprunteurs sont « nombreux, pauvres et simples », et les prêteurs « peu nombreux, riches et rusés », dans les sociétés commerciales dans lesquelles les débiteurs et les créditeurs sont des égaux, l'État n'a pas à contrôler les conditions du prêt, c'est à chacun de veiller à ses propres intérêts.

Comme beaucoup de Modérés, Reid fut hostile à la cause américaine lors de la crise du *Stamp Act* (1765-1766). Cette crise fut initiée par la promulgation par le Parlement britannique d'une loi obligeant les treize colonies américaines à payer un timbre fiscal pour l'acquisition de documents officiels. Selon Reid, ce type de taxation n'est pas illégitime si c'est une condition nécessaire à la réalisation du bien public. C'est pourquoi le prélèvement des taxes par l'État n'est pas conditionné à l'assentiment préalable des individus qui y sont soumis (contrairement à ce que préconise Locke dans le *Second traité du gouvernement civil*, § 138, où il défend le principe du *No taxation without consent*). Les colonies américaines doivent donc respecter la loi sur le timbre fiscal, même si elles n'ont pas été consultées au préalable (EES, p. 158-159). Cette prise de position confirme que c'est toujours à l'aune du bien commun qu'il faut statuer toute question relative à la manière de légiférer les rapports entre les États et les citoyens.

LES ŒUVRES PRINCIPALES

RECHERCHES SUR L'ENTENDEMENT HUMAIN D'APRÈS LES PRINCIPES DU SENS COMMUN

Paru en 1764, l'ouvrage fut réédité quatre fois du vivant de Reid. Il comprend une *pars destruens* et une *pars construens*, deux objectifs que Reid mène de front. Du premier point de vue, il effectue une généalogie du scepticisme et montre que le faux pas de cette théorie se situe dans une approche erronée du mental. Du second point de vue, il met au jour les différents ingrédients de la perception sensible.

Dans le chapitre introductif, Reid délimite son objet d'étude et sa méthode, et fait un état des lieux de la philosophie de l'esprit. Le constat est sombre : la philosophie moderne se paie de mots, et à force d'introduire des mots nouveaux et de « donner un sens différent au langage qui a cours » (I.II, p. 30), elle s'est méprise sur la nature des facultés originelles de l'esprit et est entrée « dans une guerre ouverte avec le sens commun » (I.IV, p. 36).

La suite de l'ouvrage est consacrée à l'analyse des sens externes. L'exposé obéit à un ordre de complexification progressive. Reid commence par les sens les plus simples : l'odorat (II), le goût (III) et l'ouïe (IV), et il achève son enquête par les sens les plus complexes et les plus nobles : le toucher (V) et la vue (VI, chapitre qui occupe un peu plus de la moitié de l'ouvrage).

Les sensations-signes

L'odorat, le goût et l'ouïe sont les sens les plus simples et uniformes, car ils ne livrent qu'une espèce de sensations (les sons, les odeurs ou les saveurs). Ils ne nous informent que d'une seule sorte de qualité des corps, en l'occurrence une qualité seconde. Par contre, grâce au toucher, nous percevons des qualités diverses : des qualités premières (la dureté et la mollesse, le rugueux et le poli, la figure, la solidité, le mouvement et l'étendue) et des qualités secondes (le chaud et le froid). La vue nous fait également percevoir des qualités variées : des qualités premières (la figure, le mouvement et l'étendue) et des qualités secondes (les couleurs).

La distinction entre les qualités premières et les qualités secondes a un fondement dans la nature (V.IV, p. 86). Les qualités premières correspondent à des qualités extérieures réelles, dont nous avons une conception directe, claire et distincte. Les qualités secondes correspondent aux pouvoirs qu'a un objet de causer en nous des sensations olfactives, gustatives, auditives, tactiles et visuelles. Ces pouvoirs sont situés dans l'objet, mais nous ne percevons que les effets sensibles qu'ils produisent en nous. Par conséquent, notre conception des qualités secondes est obscure et fortement tributaire de l'état de notre système perceptif. Nous savons seulement que ces qualités sont les causes inconnues de nos sensations. Reprenant une leçon de Locke, Reid nous enjoint à distinguer les qualités secondes des sensations qu'elles causent. Selon lui, c'est une distinction qui est occultée par de nombreux philosophes modernes, qui estiment que les couleurs, le chaud et le froid, les sons, les odeurs et les goûts ne sont que des sensations (ou des idées) dans l'esprit, et non des qualités réelles et permanentes des corps. Cette confusion est favorisée par le langage. En effet, le vulgaire donne le même nom aux sensations et à leurs causes (c'est-à-dire aux qualités qui, dans les choses, sont l'occasion des sensations) : par exemple, les mots « odeur de rose » et « odeur de lys » désignent à la fois la qualité dans l'objet, qui est la cause de la sensation, et la sensation olfactive, considérée indépendamment de l'objet qui la cause.

Si les sensations n'ont pas de noms spécifiques, c'est parce que les deux termes de la relation (la qualité inconnue dans l'objet et la sensation subjective dans l'esprit) sont étroitement reliés dans notre imagination. Selon une loi de notre constitution, nous avons toujours telle sensation en présence de tel objet, raison pour laquelle il est difficile de les démêler. De plus, le besoin de deux noms ne s'est pas imposé car le vulgaire néglige souvent la sensation, pour ne considérer que la qualité de l'objet. En effet, la sensation suscite rarement son attention. Nous sommes avant tout intéressés par la cause de la sensation, à laquelle cette dernière renvoie, et sauf à être très vive et inhabituellement douloureuse ou plaisante, la sensation ne s'impose pas à nous comme un objet de pensée à part entière. Nous la remarquons à peine. Elle nous introduit directement à l'objet et à la qualité dont elle est le signe.

Pour Reid, les sensations fonctionnent comme des *signes* des objets extérieurs et de leurs qualités (terme introduit en II.IX, p. 61). Les sensations sont les « signes par lesquels nous connaissons et distinguons les choses en dehors de nous » (IV.I, p. 72). Pour nous éclairer sur ce fonctionnement sémiotique, il établit une analogie avec les langues : de même que lorsque nous lisons un texte, nous ne nous arrêtons pas sur les caractéristiques matérielles (graphiques, sonores) de chaque mot, mais nous sommes toujours déjà tournés vers le sens du mot et de la phrase, de même dans le langage des sensations nous ne prêtons pas attention au signe en lui-même (la sensation), mais nous glissons sur lui et nous visons la qualité de l'objet, de sorte que les sensations sont « comme les mots d'une langue où nous prêtons moins d'attention au son qu'au sens » (II.IX, p. 63).

L'analogie avec les langues se recommande d'autant plus que, comme pour la plupart des mots des langues inventées, la liaison entre le signe et le signifié est arbitraire. Dans la sémiotique naturelle, il n'y a nulle ressemblance entre la sensation et l'objet qu'elle indique. Reid admet qu'il aurait été possible qu'une qualité de l'objet (comme la dureté) soit annexée à une autre sensation dans l'esprit que celle à laquelle, de fait, elle a été annexée. Ainsi, « personne ne peut donner de raison pourquoi les sensations d'odeur, de saveur ou de son n'auraient pas pu nous instruire de la dureté aussi bien que nous en instruit cette sensation que notre constitution a déterminée à cet effet. En vérité, personne ne concevra jamais qu'une sensation ressemble à une qualité connue des corps » (V.II, p. 81). Tout ce que nous pouvons dire à ce sujet, c'est que l'instauration d'une connexion entre telle sensation-signe et telle qualité-signifiée est le fruit d'une décision divine.

Le fonctionnement sémiotique des sensations est également souligné par le terme de « suggestion », repris à Berkeley (sur cet emprunt et la manière dont Reid retaille ce concept, voir Etchegaray 2021). Les sensations *suggèrent* les qualités des objets (terme introduit en II.VII, p. 57) : elles nous font immédiatement concevoir un objet doté de telles et telles qualités. Par exemple, en touchant un objet, je connais immédiatement ses qualités premières (il est étendu, dur ou doux, etc.) et certaines de ses qualités secondes (il est chaud ou froid). Nous avons affaire ici à des suggestions naturelles, qui procèdent de la constitution originelle de notre esprit. Par leur pouvoir de suggestion, les sensations nous introduisent à une qualité spécifique des corps. Le passage des sensations aux qualités se fait de manière immédiate, « par une sorte de magie naturelle » (V.III, p. 84), sans que nous ayons besoin d'être instruits par une expérience répétée de la loi de nature qui conduit de l'une à l'autre. Reid n'explique pas la nature de la suggestion, car on ne saurait disséquer un tel pouvoir originel de l'esprit. Il se contente de multiplier les exemples, observant que ce pouvoir de l'esprit nous pousse à concevoir des qualités dans l'objet.

Il pourrait sembler que le réalisme direct de Reid (selon lequel nous percevons immédiatement les objets extérieurs et leurs qualités) n'est pas compatible avec le rôle sémiotique accordé aux sensations. Dans quelle mesure les sensations ne réintroduisent-elles pas un intermédiaire comparable aux idées, intermédiaire que Reid s'efforce pourtant de chasser ? En fait, si les sensations nous présentent les qualités des objets (c'est la voie par laquelle nous percevons les objets et leurs qualités), elles ne les représentent pas, ce qui signifie qu'elles ne leur ressemblent pas et, plus radicalement, qu'elles ne sont pas les représentantes des objets dans l'esprit. Les sensations sont des médiatrices qui nous orientent vers les qualités des objets, elles servent de relais entre l'esprit et l'objet, mais ce ne sont pas des intermédiaires sur lesquels nous devrions nous arrêter, pour les interpréter et en inférer l'existence de qualités extérieures. En effet, elles passent inaperçues. Robert Pasnau fait une distinction utile pour saisir ce point (2017, p. 71-73). Il distingue les approches médiées de la perception (*mediated views*) des approches diaphanes (*diaphanous views*). Selon les premières, nous ne percevons les objets extérieurs (si tant est que cela est possible) qu'en vertu de la perception de quelque chose à l'intérieur de nous. Selon les secondes, nous percevons directement les objets extérieurs au sens où, même s'il y a des intermédiaires internes, ils ne sont pas eux-mêmes des objets de perception. Ce par quoi nous percevons les objets extérieurs est diaphane, transparent. Autrement dit, nous percevons les objets à travers lui, en vertu de sa présence, mais nous n'avons pas à l'observer consciemment et spécifiquement, avant d'inférer la présence d'un objet extérieur (de même que, lorsque mon enfant joue dehors, je peux l'observer par la fenêtre, sans avoir à regarder la vitre pour elle-même et à en déduire, à partir de ce qui s'y reflète, la présence de mon enfant à l'extérieur). Reid défend une version de la seconde approche : la sensation nous introduit si rapidement à la chose signifiée que nous n'avons pas conscience de voir à travers elle. Pour autant, la sensation est bien là, il s'agit d'un objet de pensée, fût-il extrêmement furtif. En témoigne le fait que, si nous le souhaitons, nous pouvons en faire un objet de pensée à part entière (de même que je peux décider de ne regarder que la vitre, sans porter mon attention au-delà). Un passage des *Essais sur les pouvoirs intellectuels* explicite cela :

> Il y a un sens auquel on peut dire d'une chose qu'elle est perçue au travers d'un médium. Ainsi on peut dire de n'importe quel genre de signe qu'il est le médium par lequel je perçois ou comprends la chose signifiée. Le signe, par coutume ou convention, ou peut-être par nature, introduit la pensée de la chose signifiée. Mais ici la chose signifiée, lorsqu'elle est présentée à la pensée, est un objet de pensée non moins immédiat que ne l'était le signe auparavant. Et il y a ici deux objets de pensée, l'un succédant à l'autre, ce qui n'est pas le cas, nous l'avons vu, de l'idée et de l'objet qu'elle représente. (EIP, II.IX, p. 134)

Dans la théorie des idées, les idées sont les seuls objets immédiats de la pensée. Les idées font écran et referment l'esprit sur lui-même : la raison en est qu'elles sont censées ressembler, ou au moins représenter les objets extérieurs. Comme il y a un rapport de correspondance interne entre l'idée et l'objet, l'esprit se focalise sur les propriétés intrinsèques des idées pour (éventuellement) en inférer l'existence d'objets extérieurs (voir Copenhaver 2004). Par contre, dans la théorie sémiotique des sensations proposée par Reid, les sensations, puis les objets extérieurs et leurs qualités, sont les objets immédiats successifs de la pensée. Les sensations fonctionnent comme une interface qui traduit immédiatement un contenu phénoménal en un objet et une qualité extérieure. L'esprit ne s'y arrête pas puisque, d'une certaine façon, il n'y a rien à voir. En effet, le rapport entre les deux items est purement externe (les sensations ne ressemblent pas aux objets). Le lien qui conduit de l'un à l'autre est également arbitraire, c'est une convention de Dieu, qui aurait pu décider d'instituer un tout autre lien et de mettre en relation la sensation avec une autre qualité extérieure. Il n'y a donc rien à tirer et à apprendre de la sensation. En elle-même et par elle-même, elle ne dit rien (c'est ce qui conduit Keith DeRose à parler de l'« anti-sensationnalisme » de Reid, dans DeRose 1989). Comme elle a été choisie pour être attachée à une certaine qualité extérieure, l'esprit glisse sur elle et circule immédiatement vers l'objet.

La croyance à l'existence des objets extérieurs

La sensation ne nous fait pas seulement concevoir un objet extérieur d'après ses qualités. Elle nous pousse également à croire à l'existence de ces qualités et de cet objet. Le fait qu'une sensation débouche sur une conception et une croyance est proprement inexplicable. On ne peut en donner aucune raison, sinon qu'on ne peut séparer ce que la nature a lié dans notre constitution (« par un principe primitif de notre constitution, une certaine sensation du toucher suggère à l'esprit la conception de la dureté et nous détermine à y croire », V.II, p. 82). La conception et la croyance sont d'une certaine manière « annexées » à la sensation. Ensemble, elles constituent une perception. Percevoir un arbre, c'est – suite à une sensation visuelle – avoir une conception de l'arbre et de ses qualités visuelles, et c'est croire qu'il existe. Reid présente parfois la sensation, la conception et le jugement comme les ingrédients de la perception. À d'autres moments, il décrit la sensation comme ce qui accompagne et déclenche la perception.

Dans tous les cas, la perception doit être distinguée de la simple sensation, c'est-à-dire de la sensation considérée indépendamment de la conception et de la croyance qui l'escortent naturellement. Il n'est pas aisé de se focaliser sur la seule sensation, tant l'attache qui la relie à la conception et à la croyance est ferme. Mais moyennant des efforts répétés, il est possible de la considérer séparément. Pour saisir la pure et simple sensation, examinons la sensation de douleur. Quand j'ai mal, la douleur éprouvée se confond avec l'acte de l'esprit par lequel elle est sentie (V.VI). Mais la sensation de douleur ne me pousse pas à croire à l'existence d'un objet indépendant de mon esprit, qui serait la cause de cette douleur, et qui continuerait d'exister même si je n'éprouvais plus de douleur. Sur ce point, la douleur est foncièrement distincte de la perception. Si cela a échappé aux philosophes modernes, remarque Reid, c'est parce qu'ils ont été égarés par le langage. Ils ont fait le même traitement des expressions « je sens une douleur » (« *I feel a pain* ») et « je vois un arbre »

(« *I see a tree* », VI.xx, p. 199-200), et ils en ont conclu que de même que la sensation de douleur n'impose aucune croyance à l'existence d'un objet indépendant de l'esprit, la perception d'un objet n'implique aucune croyance à l'existence permanente d'un objet extérieur. Autrement dit, les philosophes modernes ont rabattu la perception sur la sensation. Cette analyse est erronée. Certes, les phrases « *I feel a pain* » et « *I see a tree* » ont la même structure grammaticale, mais elles expriment des opérations de l'esprit foncièrement distinctes. Dans la perception, nous distinguons l'objet perçu de l'acte de l'esprit par lequel nous le percevons. C'est pourquoi nous sommes convaincus que l'arbre continue d'exister même quand il n'est pas perçu. Par contre, dans le simple fait de sentir (le *feeling*), il n'y a pas d'objet indépendant de l'esprit qui sent ; le sentir ne se distingue pas de la douleur sentie, raison pour laquelle nous pensons que la douleur s'évanouit si elle n'est pas sentie. Même si la langue distingue entre le sujet qui sent et le complément d'objet direct (la douleur), la distinction n'est pas réelle. Une manière plus correcte de parler serait sans doute de dire « *I feel painly* » (la douleur est alors comprise comme une manière d'être affecté). Reid propose quant à lui de comprendre l'expression « je sens une douleur » comme signifiant « je suis en proie à une douleur » (« *I am pained* »).

Par conséquent, il est vain de vouloir inférer l'existence des objets extérieurs à partir de nos sensations. Cette croyance suit naturellement des sensations. Elle n'est pas la conclusion d'un raisonnement : « nous ne pouvons en raisonnant sur nos sensations établir l'existence des corps, et encore moins l'existence d'une de leurs qualités ». Sur ce point, le sceptique n'a pas tort. Mais il a tort quand il en déduit que nous n'avons aucune certitude quant à l'existence de corps indépendants de notre perception. La liaison entre nos sensations, la conception et la croyance à l'existence d'objets extérieurs n'est pas non plus produite « par l'habitude, l'expérience, l'éducation » (V.III, p. 85). Nous devons nous résoudre à dire que nous ne pouvons pas expliquer comment il se fait que « telles sensations sont invariablement liées à la conception et à la croyance à des existences extérieures ». En fait, « cette liaison est un effet de notre constitution ». Là est le socle dur sur lequel la bêche de notre enquête bute et se recourbe.

On bute sur la même ignorance quand il s'agit d'expliquer le type de relation qu'entretiennent les faits matériels et les faits de l'esprit. Nous pouvons décrire jusqu'à un certain point l'enchaînement des faits matériels (impression sur l'organe, puis sur les nerfs et le cerveau), mais lorsque les phénomènes changent de nature et que se produit une perception, il y a un saut que nous ne parvenons pas à expliquer. Ainsi, de même qu'en aval de la sensation, nous ne savons pas comment il se fait qu'elle soit reliée à telle notion et à telle croyance, en amont de la sensation, nous ne savons pas comment il se fait qu'un certain type d'impressions matérielles (des impressions faites sur l'organe de l'odorat) soit relié à certaines sensations (des sensations olfactives). Cette liaison étant suspendue à la décision de l'Auteur de notre nature, nous aurions pu être constitués de telle sorte que nous aurions entendu par le nez. Bref, la chaîne qui conduit de l'objet à la perception nous échappe : nous connaissons certains de ses maillons, mais nous ignorons la manière dont ils sont rattachés les uns aux autres. Quand bien même notre connaissance de la structure des sens gagnerait en précision, nous buterions toujours sur cet « abîme profond et obscur », qui fait que le commerce entre le corps et l'esprit nous est incompréhensible. Le fossé métaphysique qui les sépare ne peut être enjambé que par la confiance en une administration divine sage et bienveillante. C'est elle qui préside à la machinerie de la perception et coordonne ses différents rouages. Le constat de son ignorance ne plonge pas Reid dans l'inquiétude, mais conforte son émerveillement devant la perfection de l'orchestration divine.

La géométrie des visibles

Bien que Reid commence par souligner l'excellence et la dignité du sens de la vue, il concède que « de tout ce qu'on peut connaître par la vue, il y a peu de choses qui ne puissent se communiquer à un aveugle-né » (VI.II, p. 105). Pour le comprendre, nous devons distinguer « l'apparence que les objets présentent à l'œil » et « les choses qui sont suggérées par cette apparence », et dans l'apparence visible des objets, il faut encore distinguer « l'apparence des couleurs » (qualités secondes) de « l'apparence de l'étendue, de la figure et du mouvement » (qualités premières). Selon Reid, un aveugle peut avoir des notions distinctes de l'étendue, de la figure et du mouvement. C'est plus difficile pour l'apparence des couleurs, mais il peut tout de même parler distinctement des couleurs en tant que qualités dans les corps, qui présentent à l'œil une apparence qu'il ne connaît pas. Quant aux choses qui sont suggérées par l'apparence visible des corps, bien que l'aveugle n'en ait pas de connaissance directe, il peut les concevoir distinctement grâce à ce que lui rapporte autrui.

Pour une personne qui jouit du sens de la vue, l'apparence visible d'un objet fonctionne comme le signe d'une chose extra-mentale. Par exemple, l'apparence visible d'un livre lui indique la distance, la figure, la grandeur et la position réelles de ce livre. Comme cette apparence l'introduit à autre chose, elle ne s'attarde pas sur elle : « les apparences visibles des objets ne nous ont été données par la nature que comme des signes et des indications et [...] l'esprit passe immédiatement à la chose signifiée sans faire la moindre réflexion sur le signe et sans même percevoir sa présence » (VI.ii, p. 108).

Reid insiste beaucoup sur la transparence des apparences visibles, qui est le gage de leur efficacité sémiotique : elles fonctionnent d'autant mieux comme signes que nous « traversons ces apparences » sans les voir (Etchegaray 2021). Mais nous devons veiller à ce que cette transparence ne nous conduise pas à occulter les apparences visibles, au point de nier leur existence. Pour les mettre en lumière, Reid nous enjoint d'observer la pratique du peintre. En effet, le peintre fixe sur sa toile les apparences visibles, car « donner la perspective, marquer les ombres, le relief, et fixer les couleurs, n'est rien que copier l'apparence que les choses présentent à l'œil » (VI.iii, p. 109). Le peintre se focalise sur les apparences visibles des objets, qui n'ont que deux dimensions, là où nous passons rapidement sur elles, puisque nous sommes toujours tendus vers les qualités réelles des objets qu'elles indiquent. Les apparences visibles nous servent en quelque sorte de tremplin pour juger des qualités réelles des objets (qui nous préoccupent davantage). De même que nous passons tellement vite sur elles que c'est comme si nous les enjambions, nous tirons nos conclusions si promptement que nous avons l'impression que la distance, la grandeur et la figure réelles sont immédiatement perçues. Le cas de l'aveugle-né qui, après une opération de la cataracte, recouvre la vue (opération réalisée par Cheselden en 1728), nous fait prendre la mesure de cette interposition de l'apparence visible : au début, l'apparence visible fait écran, elle est pour ainsi dire opaque, puisque le sujet n'a pas encore appris à la « lire » comme le signe de la distance et des dimensions réelles de l'objet. La vue seule, dépourvue des enseignements que lui livre une expérience coutumière de la vue associée au toucher, ne lui fournit pas ces informations. Si nous jugeons maintenant de la figure réelle, de la distance et de la position réelle d'un objet à partir de sa seule apparence visible, il a fallu que, au préalable, nous fassions de multiples fois l'expérience combinée de la vue, du toucher et du déplacement dans l'espace, pour que nous devenions capables d'associer immédiatement telle apparence visible à telles qualités réelles. Si jugement immédiat il y a, il s'agit donc d'une immédiateté acquise. Il en est de même pour les qualités secondes : hommes faits, nous jugeons dorénavant de la couleur d'un objet à partir de sa seule apparence visible. Mais ce jugement immédiat est le fruit de la sédimentation d'innombrables expériences passées, qui ont fait intervenir plusieurs sens et la manipulation d'objets « dans diverses positions, à différentes distances, et sous différentes lumières » (VI.IV, p. 113).

Alors que les sensations ne ressemblent pas aux qualités secondes des objets, les apparences visibles ressemblent *en quelque façon* aux qualités premières dont elles sont les signes. Reid affirme qu'« il y a certainement une ressemblance et une liaison nécessaire entre la figure et la grandeur visibles d'un corps et sa figure et sa grandeur réelles » (VI.VII, p. 122). Ce constat a de quoi surprendre : c'est comme si Reid réintroduisait par la petite porte des apparences visibles ce qu'il s'était efforcé de chasser sans ménagement avec la théorie des idées, à savoir que des apparences puissent *ressembler* aux qualités des objets extérieurs. Mais pour établir ce point, Reid ne s'appuie pas sur les apparences visibles pour essayer d'en déduire des qualités réelles ; il fait le mouvement inverse : il constate que les qualités réelles du corps étant données, ainsi que la position et la distance du corps par rapport à l'œil, on peut en déduire par un raisonnement mathématique la figure, la grandeur et la position visibles. Ainsi, un cercle placé à telle distance, dans telle position par rapport à l'œil, apparaîtra nécessairement sous telle ou telle forme. Les qualités réelles de l'objet entretiennent un rapport mesurable avec l'apparence visible. Il en résulte qu'« un aveugle-né, s'il était versé dans les mathématiques, serait capable de déterminer la figure visible des corps, leur figure, leur distance et leur position réelles étant données » (p. 122). Autrement dit, il pourrait déduire la figure visible d'un objet à partir de sa conception d'une figure tangible (c'est-à-dire qu'il pourrait déduire la manière dont un objet lui apparaîtrait s'il était doté de la vue). Il n'en aurait évidemment pas la vision (car il ne peut concevoir l'apparence des couleurs qui, pour une personne qui jouit du sens de la vue, est étroitement associée à la figure visible), mais il aurait une conception distincte de la figure visible. Cette dernière est bien « le signe et la représentation d'une figure tangible » :

> bien que nous ayons trouvé beaucoup d'exemples de signes naturels qui n'ont pas de ressemblance avec les choses qu'ils signifient, il n'en va pas ainsi en ce qui concerne la figure visible. Elle a, dans tous les cas, une ressemblance avec la chose qu'elle représente, qui est comparable à celle d'un plan ou d'un profil avec la chose qu'il représente ; et dans certains cas le signe et la chose signifiée présentent à tous les sens la même figure et les mêmes proportions. (VI.IX, p. 133)

Toutefois, parler de ressemblance ne doit pas nous conduire à traiter la figure visible comme une image. Les apparences ne sont pas dans l'esprit. Reid nous met en garde contre la tentation de spiritualiser ou d'internaliser les figures visibles : il s'agit bien de figures réelles, bi-dimensionnelles (étendues en longueur et en largeur). Ces figures représentent des figures qui ont quant à elles longueur, largeur *et profondeur*. La figure visible « est étendue en longueur et en largeur, [...] elle peut être longue ou courte, large ou étroite, triangulaire, quadrangulaire ou circulaire ». C'est donc un « objet réel et extérieur à l'œil », qui n'a rien de commun avec une idée dans l'esprit ou une impression sur l'esprit (VI.VIII, p. 125-126). Elle est suggérée immédiatement par l'impression matérielle faite sur la rétine (p. 128).

La grandeur apparente ou visible d'un objet correspond à l'angle formé par deux lignes qui partent de l'œil en direction des extrémités de l'objet observé. Selon Reid, à toute figure projetée sur la surface d'une sphère creuse, dont le centre est dans l'œil, correspond un objet euclidien. Il y a des lois de correspondance entre la géométrie euclidienne (propre aux figures tangibles) et la géométrie propre aux figures visibles. Mais si une personne qui jouit du sens de la vue passe très rapidement de la figure visible à la figure tangible (la figure visible l'inclinant naturellement à porter son attention à la figure tangible), le mouvement inverse (qui va de la chose signifiée au signe) est beaucoup plus laborieux (p. 129). Il faut être « un excellent peintre, un habile sculpteur » pour y parvenir. C'est pourtant à un tel exercice que Reid nous convie dans la section IX du chapitre VI, consacrée à la « géométrie des visibles ».

Cette géométrie spécifique aux apparences visibles est difficile à cerner et à isoler, car une personne qui jouit du sens de la vue n'est pas habituée à démêler ce que lui livre la vue seule, abstraction faite de l'apport fourni par les autres sens, en particulier le toucher. C'est pourquoi Reid se livre à une expérience de pensée. Afin de nous aider à « distinguer les perceptions que nous devons à la vue seule, de celles qui tirent leur origine des autres sens », il imagine des êtres doués seulement de la vue, et privés de tout autre sens externe (p. 133-139). Que verraient de tels êtres (baptisés « Idoméniens »)? Ils seraient bornés aux figures visibles et appréhenderaient l'espace par le biais d'une géométrie non euclidienne, à deux dimensions, propre aux figures projetées sur une surface courbe et sans profondeur. Dans ce cadre, « l'œil, ne percevant la position des objets que relativement à lui, et ne percevant pas leur distance, verra dans la même place visible ces points qui ont la même position relativement à lui, à quelque distance qu'ils se trouvent de lui ». Il en résulterait que deux objets terminés par les mêmes lignes visibles apparaîtraient comme occupant le même lieu, ce qui fait que les Idoméniens ne pourraient pas « concevoir qu'un objet soit derrière un autre ou que celui-ci soit plus proche et celui-là plus lointain ». Autrement dit, ils n'auraient aucune conception de la profondeur. De même, Reid remarque que les propriétés des figures visibles ne sont pas les mêmes que les propriétés des figures de la géométrie euclidienne. Par exemple, la somme des angles d'un triangle sphérique est supérieure à deux angles droits ; et à partir d'une ligne droite, on peut « trouver un point qui est à la même distance de tous les points de cette ligne droite donnée » (p. 132). Ainsi, un siècle avant Riemann,

Reid envisageait une géométrie alternative à la géométrie euclidienne (voir Daniels 1989). Enfin, pour un Idoménien, les propriétés des corps se résumeraient à la couleur, la figure et la grandeur, auxquelles s'ajouterait cette propriété inédite (non répertoriée dans la géométrie euclidienne) qu'est la « qualité dominante » (qualité par laquelle un objet continue d'apparaître quand un autre – occupant le même lieu – disparaît). De tels êtres auraient donc une ontologie profondément différente de la nôtre.

Perceptions originelles et perceptions acquises

Si le langage naturel des sensations nous informe de certaines qualités matérielles des objets, d'autres signes naturels nous mettent en rapport avec des choses immatérielles : ainsi en est-il des traits du visage, des modulations de la voix et des gestes d'autrui, qui sont les signes de ses pensées, intentions et sentiments. Notre maîtrise de ce langage fait dire à Reid que nous sommes naturellement « physionomistes » (EEC, n°59, lettre du 1er décembre 1778 à Lord Kames). Grâce à lui, nous comprenons immédiatement certaines manifestations corporelles comme des signes de colère ou d'amitié, de consentement ou de refus, de menace ou de supplication. Nous relions ces signes aux choses qu'ils signifient sans passer par un moment d'instruction (par exemple, les jeunes enfants comprennent instinctivement qu'une voix douce et un sourire sont les signes d'une attitude bienveillante à leur égard). Pourtant, il n'y a pas de liaison intrinsèque entre les signes et ce qu'ils signifient. Notre maîtrise de ce langage est donc à mettre au compte de notre constitution.

C'est à partir de ce langage naturel que nous développons les langues (le langage artificiel) : pour que deux interlocuteurs puissent instituer tel mot comme le signe de telle chose, il faut bien qu'ils s'appuient sur un langage préalable qui leur est commun, « et donc il doit y avoir un langage naturel qui précède l'invention de tout langage artificiel », et grâce auquel ils peuvent « passer des conventions et engager leur foi » (IV.II, p. 73-74). Reid souligne l'expressivité et l'éloquence du langage des yeux et de ce langage naturel, qui tire sa force de son lien avec le corps.

De manière analogue, c'est sur la base du langage naturel des sensations que nous établissons de nouvelles liaisons et que nous finissons par associer une sensation à la présence d'un objet. Ainsi, l'association coutumière de la vue d'un carrosse et du son qu'il produit nous conduit à croire qu'une voiture passe dans la rue dès que nous l'entendons, alors même que nous ne la voyons pas. Cette croyance nous est suggérée par le son (II.VII, p. 57). Dans ce cas, le lien entre le signe (le son) et la chose signifiée (la présence d'une voiture) est découvert par l'expérience et il est noué par l'habitude. C'est donc à partir de nos perceptions naturelles (peu nombreuses) que nous grossissons petit à petit le fonds de nos perceptions acquises (VI.XXIV, p. 224). Ces perceptions acquises, qui finissent par faire leur office à la manière de perceptions naturelles, sont à distinguer des conclusions qui sont tirées de la perception par le raisonnement. C'est par ces dernières que les hommes qui savent s'orienter dans les affaires ordinaires de la vie se distinguent des idiots : les voilà dotés d'un entendement commun qui leur permet, par exemple, à la vision d'un jardin bien entretenu, de conclure à l'habileté et à l'industrie du jardinier et, à partir de là, de développer les sciences de la nature (VI.xx, p. 205-206). L'arbre de la connaissance se déploie à partir de différentes strates de jugements, dont les plus primitives sont des perceptions naturelles, suivies de près par des perceptions acquises. Celles-ci donnent facilement lieu à des conclusions, lesquelles trouvent un prolongement dans les différentes branches de la philosophie naturelle.

La distinction des perceptions originelles et des perceptions acquises est l'occasion pour Reid de préciser la manière dont l'apparence visible des objets est reliée à leur figure tangible. Ce phénomène, tout comme celui du mouvement parallèle des yeux (VI.x : quand nous tournons un œil dans une direction, l'autre œil suit naturellement dans la même direction) et celui de la vision simple (VI.xiii-xix : nous voyons un seul objet, même s'il y a une image de l'objet sur chaque rétine), est un fait primitif de la nature humaine, qui ne peut recevoir aucune explication d'ordre physique ou anatomique. C'est également le cas de la vision droite (VI.xi-xii), par laquelle nous voyons les objets droits alors que leur image sur la rétine est inversée. Contre Berkeley qui en fait le fruit d'une expérience répétée nous ayant inculqué l'habitude de traiter les « idées de la vue » comme les signes des « idées du toucher », alors qu'elles ne se ressemblent nullement et sont hétérogènes, Reid souligne que la figure visible est reliée à la figure tangible en vertu d'un principe de notre constitution.

Ce faisant, il peut reprendre à nouveaux frais la question de Molyneux, qui demandait si un aveugle de naissance ayant retrouvé la vue parviendrait à distinguer sur-le-champ un cube d'une sphère, sans s'aider du toucher avec lequel il les identifiait jusqu'alors. Selon Reid, les figures visibles n'étant pas radicalement différentes des figures tangibles (en particulier quand l'objet observé « est assez petit pour être vu distinctement en une seule vue et qu'il est placé directement devant l'œil »), il en résulte que si l'on donnait à cette personne le temps de considérer attentivement les figures du premier livre d'Euclide, elle pourrait « par la seule pensée » mettre en rapport les figures visibles avec celles qui lui étaient devenues familières par le toucher, et trouver qu'elles sont « les mêmes à tous égards » (VI.XI, p. 146).

Pourtant, même si l'apparence visible d'un objet est le signe naturel des propriétés tangibles de cet objet, Reid admet que la transition ne s'effectue pas de manière immédiate. La transition est naturelle au sens où c'est la nature qui a fixé les lois de correspondance entre telle propriété de l'apparence visible et telle propriété réelle de l'objet, mais la capacité à passer rapidement de l'une à l'autre est le résultat de l'habitude. Nous avons l'impression que cela se fait immédiatement parce que nous avons oublié les expériences au gré desquelles nous avons appris à associer telle propriété de l'apparence visible à telle propriété de l'objet tangible. Il n'en reste pas moins que cette capacité s'est développée progressivement.

> Quand je regarde le pommier qui est devant ma fenêtre, je perçois au premier coup d'œil sa distance, sa grandeur, la rugosité de son tronc, la disposition de ses branches, la forme de ses feuilles et de ses fruits. Il semble que je perçoive toutes ces choses immédiatement. L'apparence visible qui les a toutes présentées à mon esprit m'a entièrement échappé [...]. Et cependant il est certain que c'est cette seule apparence visible qui se présente naturellement à mes yeux et que l'habitude m'a appris à en dériver tout le reste. [...] Les objets que nous voyons naturellement et originellement ont [...] une longueur et une largeur, mais point de profondeur ni de distance

> à l'œil. L'habitude, par une sorte d'escamotage, ôte progressivement ces objets primitifs et propres à la vue et met à leur place les objets du toucher qui ont une longueur, une largeur et une profondeur, et sont à une distance déterminée de l'œil. (VI.XIX, p. 198-199)

L'habitude est d'autant plus efficace qu'elle parvient à se faire oublier. La phase d'apprentissage est en quelque sorte escamotée, ensevelie sous le poids des expériences répétées. Parmi les perceptions acquises, la perception de la distance qui sépare les objets de l'œil est la plus remarquable. Dans la section XXII du chapitre VI, Reid montre que si aujourd'hui nous percevons immédiatement la distance, il s'agit d'une immédiateté acquise, fruit de l'habitude. La perception de la distance par la vue s'appuie sur l'interprétation de différents signes, sur lesquels nous glissons tellement vite dorénavant, que nous la prenons pour une perception originelle. Parmi ces signes, Reid énumère les sensations qui accompagnent l'effort que nous faisons pour accommoder nos yeux à la distance de l'objet, l'inclinaison des axes optiques, les dégradés de couleurs, les objets intermédiaires ou contigus dont nous connaissons déjà la distance et la grandeur réelles, et enfin la grandeur visible de l'objet. Par exemple, ayant remarqué de nombreuses fois que telle apparence visible est associée à telle distance de l'objet (dont nous avons connaissance grâce au déplacement dans l'espace), la grandeur visible finit par devenir le signe d'une distance déterminée et de la grandeur réelle de l'objet. Sur ce point, Reid retrouve certaines conclusions émises par Berkeley dans la *Nouvelle théorie de la vision* (1709). Même si ce dernier estime que les distances ne sont pas *vues* à proprement parler (l'association de certaines idées visibles à certaines idées tangibles conduit selon lui à *juger* des distances), Reid le loue pour avoir entrepris de démêler « les objets immédiats et naturels de la vue, des conclusions que nous avons coutume d'en tirer depuis l'enfance » (VI.XI, p. 145).

La distinction des perceptions naturelles et des perceptions acquises permet également de rendre compte d'un phénomène habituellement considéré comme le talon d'Achille d'une théorie de la perception directe. En effet, si nous percevons directement les objets (sans passer par la perception d'intermédiaires internes), comment expliquer les erreurs de perception ? De plus, comment rendre compte du fait que l'objet reste le même en dépit de la variété des perceptions qu'on en a ? Dans l'*Enquête sur l'entendement humain* (section XII, § 9), Hume remarquait que c'était précisément pour rendre compte de la variation de nos perceptions au gré de nos déplacements que la réflexion philosophique avait introduit « l'image de la table » entre le sujet qui perçoit et l'objet perçu (même si cela ne l'immunisait pas contre de nouvelles difficultés, encore plus redoutables).

Selon Reid, il est clair que, « à proprement parler, les sens ne nous trompent pas ». En effet, « la nature parle toujours le même langage et emploie les mêmes signes dans les mêmes circonstances. Mais parfois nous errons sur le sens des signes, soit par ignorance des lois de la nature, soit par ignorance des circonstances qui accompagnent les signes » (VI.XXIII, p. 222). Autrement dit, les erreurs de perception sont souvent dues à une erreur d'interprétation des signes. Le langage de la nature est toujours vrai, « c'est seulement en l'interprétant mal que nous tombons dans l'erreur » (VI.XXIV, p. 233). C'est ce qui se produit quand nous ne prêtons pas attention aux circonstances spéciales dans lesquelles la perception se déroule : par exemple, si nous voyons l'objet à travers un prisme, une lanterne magique ou autre. Ce milieu modifie l'apparence des objets à l'œil. Mais l'apparence visible est toujours reliée à l'objet par des lois de la nature. C'est donc au sujet d'être vigilant aux circonstances dans lesquelles il perçoit un objet, et de veiller à approfondir sa connaissance des lois de la nature qui coordonnent telle apparence visible à telle figure réelle des objets. Si l'interprétation du langage de la nature ne pose généralement aucune difficulté, à tel point que nous ne remarquons pas ses signes, les erreurs de perception nous rappellent à l'ordre et nous font prendre conscience du fait que nous devons parfois être plus attentifs aux apparences visibles et aux circonstances dans lesquelles elles s'offrent à nous. En particulier, nous devons prendre garde à ne pas considérer des conjonctions accidentelles de phénomènes comme des liaisons naturelles.

Qui plus est, quand nous mettons en regard différentes perceptions d'un même objet, ce qui varie, ce sont les apparences visibles de l'objet. En fonction de la distance de l'objet à l'œil, de la taille du sujet percevant, de la position de l'objet perçu, etc., l'apparence visible ne sera pas la même. Mais cela n'empêche pas différentes personnes d'avoir des jugements perceptifs identiques, d'autant plus si elles ont une bonne connaissance des lois de la nature qui établissent telle apparence visible comme le signe de telle propriété réelle de l'objet. Surtout, comme le précisera Reid dans les *Essais*, cela n'empêche pas que « c'est la table réelle que nous voyons, pour cette simple raison que la table que nous voyons a précisément la grandeur apparente qui est celle dont l'on peut démontrer que la table réelle doit l'avoir lorsqu'elle est placée à cette distance » (EIP, II.xiv, p. 183). La correspondance entre la figure et l'étendue visibles et la figure et l'étendue tangibles n'est pas arbitraire, elle est formalisée dans les règles de la perspective. Ces règles démontrent que, l'objet étant placé dans telle position et à telle distance, il s'ensuit nécessairement qu'il a telle étendue et telle figure visibles.

Les principes de véracité et de crédulité

Toute perception primitive correspond à un principe *particulier* de la constitution humaine. Un principe est une loi de la nature qui noue une sensation à la qualité d'un objet ou à l'état mental d'autrui (par exemple, telle sensation tactile à la dureté du corps que je manie, ou tel trait du visage perçu à la colère de mon interlocuteur). Il faut distinguer ces principes particuliers des principes *généraux* de la constitution humaine. Les principes généraux officient dans le domaine des perceptions acquises et du témoignage humain. Ils nous permettent de nous instruire en acquérant d'autres informations que celles immédiatement transmises par les signes naturels. Quand il s'agit de connaître par le moyen de nos sens, le principe qui nous permet de décupler nos connaissances est le principe inductif selon lequel « ce qui est à venir sera semblable à ce qui est passé » (VI.XXIV, p. 229). Sans la croyance que le cours de la nature est fixe et régulier, « aucune chose ne pourrait être le signe d'une autre », et nous ne pourrions pas nous appuyer sur notre expérience passée (dans laquelle nous avons vu des causes semblables suivies d'effets semblables) pour anticiper les événements à venir. Notre connaissance de la nature serait réduite aux informations fournies par les perceptions originelles. En d'autres termes, privée de la lumière de ce principe, l'expérience serait « aussi aveugle qu'une taupe » (p. 233).

Dans le domaine de la communication humaine, deux principes nous permettent d'accroître nos connaissances. Il s'agit du principe de véracité : nous prenons pour accordé que la tendance de l'esprit humain est de dire la vérité et d'« employer les signes du langage pour livrer ses sentiments réels ». Un tel principe a pour corrélat le principe de crédulité, qui renvoie à notre « disposition à nous fier à la véracité des autres et à croire ce qu'ils nous disent » (p. 226-227). Ces principes « doivent tenir ou s'effondrer ensemble » (EPA, V.VI, p. 356). En effet, la confiance que nous accordons naturellement aux propos d'autrui dépend étroitement du fait que les hommes disent instinctivement ce qu'ils croient être vrai. Ces principes ne sont pas que des tendances de la nature humaine : ce sont des normes implicites de la communication humaine au sens où, par défaut (c'est-à-dire en l'absence de preuve du contraire), nous présupposons naturellement que notre interlocuteur dit vrai et que nous pouvons nous fier à ses dires. Ils définissent la situation communicationnelle de base.

Sans cette crédulité et cette véracité vissées à l'esprit, le témoignage humain ne pourrait pas être la source de connaissances et nous ne pourrions jamais commencer à apprendre quoi que ce soit. Sur ce point, Reid défend une conception non-réductionniste du témoignage, selon laquelle le témoignage n'a pas à être accrédité par une autre faculté (comme la conscience, l'expérience sensible, ou la déduction à partir de prémisses évidentes). Grâce à ces principes instinctifs, nous pouvons nous fier aux dires d'autrui sans avoir à les soumettre à l'épreuve d'une vérification en première personne. Ces principes sont donc les principaux ressorts de l'éducation et de l'apprentissage. Plus radicalement, les témoignages et l'autorité d'autrui ne sont pas que des béquilles sur lesquelles notre raison devrait s'appuyer tant que nous sommes enfants, et dont nous devrions progressivement apprendre à nous passer. Ce sont d'authentiques sources de savoir.

De façon classique, Reid souscrit à la règle du proportionnement de l'assentiment à l'évidence disponible. Il s'agit même d'une règle de notre constitution (« Tout degré d'évidence perçu par l'esprit produit un degré proportionnel d'assentiment ou de croyance », EIP, VII.III, p. 557). Mais Reid estime également que le témoignage et l'autorité d'autrui sont des preuves (*evidence*) appropriées de certaines croyances. Il prend donc ses distances avec une ligne de pensée des Lumières, qui pose l'autonomie intellectuelle en exigence incontournable. Selon lui, nous sommes ainsi constitués que nous accordons naturellement de la considération à l'autorité humaine (dans les questions d'opinions) et au témoignage d'autrui (dans les questions de faits). Le témoignage humain a une « autorité naturelle et intrinsèque » (REH, VI.XXIV, p. 229). Ce n'est d'ailleurs qu'à partir de ce présupposé que nous pouvons éventuellement par la suite nuancer le crédit que nous accordons aux dires d'autrui. Sur ce point, tout est une question de d'équilibre :

> L'autorité peut faire pencher la balance d'un côté, mais c'est l'homme qui tient les plateaux de la balance et qui détermine quel poids il doit accorder à l'autorité. (…) le respect que nous accordons à l'autorité peut être trop grand ou trop restreint, mais la nature humaine semble pencher davantage vers le premier extrême, et je crois qu'en général il est bon pour les hommes qu'il en soit ainsi. (EIP, VI.VIII, p. 528-529)

Autrement dit, il revient à chacun de s'assurer que l'autorité ne se transforme pas en « maîtresse tyrannique du jugement privé ». C'est dans les bornes d'un tel contrôle qu'elle est utile et légitime (EIP, VI.IV, p. 464).

ESSAIS SUR LES POUVOIRS INTELLECTUELS DE L'HOMME

Les *Essais sur les pouvoirs intellectuels de l'homme* ne se bornent pas à l'étude de la perception par les sens externes, mais étudient tous les pouvoirs intellectuels : la conscience, la perception, la mémoire, la conception, l'abstraction, le jugement, le raisonnement et le goût. Reid y développe l'analyse des principes généraux du sens commun, qui n'était qu'esquissée dans les *Recherches*.

Les *Essais sur les pouvoirs intellectuels de l'homme* et les *Essais sur les pouvoirs actifs de l'homme* constituent les volets d'un même diptyque. Car outre les pouvoirs de l'entendement, l'esprit est doté de pouvoirs actifs (appétits, passions, affections, etc.). Cette distinction conceptuelle n'est pas une distinction de fait : en effet, dans les opérations de l'entendement, l'esprit est toujours actif à quelque degré (comme lorsqu'il porte délibérément son attention sur un objet), et pour vouloir un objet, il faut commencer par le concevoir. Néanmoins, pour les besoins de l'analyse, Reid étudie la première sorte de pouvoirs dans les *Essais sur les pouvoirs intellectuels de l'homme* et la seconde dans les *Essais sur les pouvoirs actifs de l'homme*.

Essai introductif (I)

Reid commence par indiquer quelques règles à adopter en philosophie de l'esprit : il faut exposer clairement les principes ou axiomes de l'enquête, et il faut définir précisément les mots employés. Le problème est qu'on ne peut pas définir les termes qui désignent les actes les plus simples de l'esprit, car classer ces opérations dans un genre et leur attribuer une différence spécifique ne ferait que les obscurcir. C'est pourquoi Reid débute son analyse par un glossaire, destiné à pallier l'absence de définition logique. Pour constituer ce glossaire (qui comprend douze entrées, dont « percevoir », « se souvenir », « conscience », « concevoir », « imaginer », « idée », « impression », « sensation »), Reid s'appuie sur l'usage ordinaire des mots.

En effet, Reid constate que toutes les langues utilisent des mots distincts pour désigner ces opérations de l'esprit. Si cette distinction linguistique transcende la diversité des langues (anciennes et modernes, rustres et polies), c'est qu'il s'agit d'une distinction qui a un fondement dans la nature. Autrement dit, ce fait linguistique est le signe d'opérations de l'esprit qui sont communes aux hommes mais distinctes entre elles. Malheureusement, beaucoup de philosophes occultent ce fait et confondent ces opérations. Par exemple, ils réduisent toutes les opérations de l'esprit à différents modes de la perception. Ce faisant, ils commettent des erreurs de catégories métaphysiques. Afin d'y remédier, Reid prend le temps de démêler les différents usages des termes qui désignent les faits de l'esprit : il y a un usage propre et strict des mots ; il y a également un usage figuré, qui peut conduire à utiliser un mot pour désigner une autre opération de l'esprit que celle qu'il désigne habituellement, mais qui ne remet pas en cause la distinction réelle entre ces opérations (comme quand on utilise le verbe « concevoir » pour parler d'un « jugement ») ; et enfin il y a un usage philosophique, qui prend l'usage figuré comme l'occasion de redéfinir la grammaire de l'esprit, et qui confond des opérations de l'esprit pourtant distinctes.

Reid souligne aussi l'existence d'une distinction qui a un « fondement réel dans la nature », mais qui a été négligée par les philosophes (I.VIII, p. 68). C'est la distinction entre les opérations solitaires de l'esprit (comme voir, se souvenir, juger, raisonner, désirer, délibérer, vouloir) et les opérations sociales de l'esprit (comme poser une question, témoigner, demander un service, commander, promettre, établir un contrat). Contrairement aux premières, les opérations sociales de l'esprit « impliquent nécessairement un rapport social avec un autre être intelligent qui y prend part », et donc la croyance à son existence. Elles ont également pour spécificité de supposer « l'expression verbale, ou faite par tout autre signe sensible ». Elles s'expriment au départ par le langage naturel (dont les signes sont les regards, les traits du visage, les gestes, les modulations de la voix), puis par un langage artificiel (et des sons articulés). Pour Reid, ce sont des opérations à part entière, qui sont irréductibles aux opérations solitaires de l'esprit. En d'autres termes, ce ne sont pas de simples modifications ou déclinaisons des opérations solitaires. Elles correspondent à l'exercice de pouvoirs originels de notre constitution.

De même, la suite des *Essais* montre que la perception, la mémoire, la conception et le jugement ne sont pas réductibles à la saisie interne d'une idée.

Les sens externes (II)

Reid cherche tout d'abord à expliquer la manière dont nous connaissons par nos sens (II.I-II). Sur ce point, nous n'observons qu'une succession de phénomènes : l'impression des objets externes sur les organes des sens (de manière immédiate ou via un médium), l'ébranlement de la substance médullaire des nerfs et du cerveau, et la perception de l'objet. Mais comme nous ne savons pas comment la partie matérielle de ces phénomènes est reliée à l'opération de l'esprit, nous ne pouvons considérer les impressions et les vibrations comme les « causes » au sens strict de nos perceptions.

Dans ces conditions, l'explication matérialiste de la perception fait fausse route (II.III-IV) : non seulement elle convoque des hypothèses qui ne passent pas le test de l'expérience (c'est le cas de l'hypothèse des mouvements vibratoires des particules infinitésimales des nerfs et du cerveau), mais elle se fourvoie en cherchant à établir une connexion nécessaire entre des phénomènes matériels (les supposées vibrations des nerfs et du cerveau) et des phénomènes intellectuels (la perception). Reid critique en particulier le médecin et philosophe David Hartley, dont la théorie des vibrations exposée dans ses *Observations on Man, his Frame, his Duty, and his Expectations* (1749) « tend » selon lui « à faire de toutes les opérations de l'esprit un simple mécanisme dépendant des lois de la matière et du mouvement » (II.III, p. 79). Or d'une part l'existence de ces vibrations n'est pas dûment prouvée par l'observation et l'expérience ; d'autre part, même si elles existaient, elles ne suffiraient pas à rendre compte de l'infinie variété de nos perceptions sensibles. Enfin, ce n'est pas parce que nous observons une conjonction régulière entre deux types de phénomènes que les premiers sont nécessairement les causes (au sens strict) des seconds (voir Thébert, dans éd. Chérici, Dupont et Wolfe 2018). De manière générale, une modification de la matière ne peut être la cause de la perception et de la pensée.

L'explication matérialiste de la perception étant écartée, Reid précise qu'expliquer un phénomène de la nature, ce n'est pas en donner la cause ultime, mais c'est dégager une loi de la nature et établir une relation constante entre deux phénomènes (II.VI). Si l'on remonte plus loin dans l'ordre des causes, c'est que l'on est en mesure de formuler une loi de la nature plus générale que la précédente (au sens où elle peut expliquer davantage de phénomènes). Reste que quel que soit le niveau d'explication auquel nous parvenons, nous ne devons pas essayer de nous hisser au-delà de l'espace borné de ce qu'il nous est donné d'observer.

Reid passe ensuite en revue les théories de la perception de ses prédécesseurs (II.VII-XV). Il déroule une galerie de systèmes philosophiques qui rendent compte de la perception humaine à partir du principe selon lequel nous percevons immédiatement non pas les objets extérieurs, mais les images ou idées de ces objets. Dans ce voyage philosophique au long cours, nous rencontrons les systèmes de Pythagore, Platon, Aristote, Saint Augustin, Malebranche, Descartes, Locke, Berkeley, Hume et Arnauld (Reid consacre également un chapitre à l'exposé du système de Leibniz, dont la théorie des monades et de l'harmonie préétablie renverse l'autorité des sens, puisque notre perception des objets demeurerait la même, qu'il y ait des objets extérieurs ou non, II.XV, p. 191-192). Reid remarque que, au-delà de leur point d'accord, ces systèmes se distinguent sur un certain nombre de points : certains soutiennent que les objets extérieurs existent (Descartes, Locke), quand d'autres le nient ou donnent des raisons d'en douter (Berkeley, Hume) ; certains soutiennent que l'existence des objets extérieurs est inférée à partir de l'image que nous en avons (Descartes), quand d'autres soutiennent que nous percevons l'objet extérieur sans inférence à partir d'une image (Arnauld) ; certains soutiennent que les idées par lesquelles nous percevons les objets extérieurs sont en Dieu (Malebranche), quand d'autres soutiennent qu'elles existent par elles-mêmes de toute éternité (Platon), ou qu'elles sont émises par les objets extérieurs dont elles sont la forme (la philosophie péripatéticienne), ou encore qu'elles sont dans notre propre esprit (la philosophie moderne). Reste que, par-delà ces variations, tous ces philosophes se retrouvent sur la distinction entre l'objet immédiatement perçu et l'objet extérieur, le premier étant le représentant du second. On peut regretter l'adoption d'une perspective unifiée sur tant de systèmes philosophiques variés, qui a tendance à gommer des différences doctrinales réelles. Pour certains philosophes, la théorie des idées apparaît parfois comme une cote mal taillée. Reid en a bien conscience, puisqu'il ne se contente pas d'opposer des objections aux philosophes considérés en bloc : tel un arbitre impartial, il distribue les bons points et les mauvais points à chacun, n'hésitant pas à louer la profondeur et la subtilité des uns ou des autres (Descartes pour son courage philosophique, Locke pour sa méfiance à l'égard de l'ambiguïté des mots, Berkeley pour la finesse de son analyse de la perception, et Hume pour sa cohérence philosophique). Mais de telles concessions à l'intelligence philosophique de ses prédécesseurs ne rendent que plus cruel le constat selon lequel ils se sont tous mépris sur la nature des opérations de l'esprit. En particulier, ils ont cherché à expliquer la perception en convoquant des hypothèses qui ne passent pas le test de l'expérience (les Péripatéticiens supposent des espèces sensibles émises par les corps ; les Modernes supposent des images dans le cerveau ou dans l'esprit). Ces hypothèses, loin d'expliquer la perception, suscitent de nouvelles difficultés. Reid conclut sa pérégrination à travers ces systèmes philosophiques par un appel à la modestie : nous devons résister à l'envie de tout expliquer. « La perception, la conscience, la mémoire et l'imagination, sont toutes des pouvoirs originels et simples de l'esprit » (II.xv, p. 193). À ce titre, elles ne peuvent être réduites à autre chose, comme la perception d'une idée.

Reid peut alors aborder le versant positif de son analyse de la perception (II.XVI-XX) : il précise *(a)* ce que la perception nous fait connaître (II.XVII-XIX), et *(b)* quels sont les pouvoirs de l'esprit auxquels elle est adjointe (II. XVI et XX). Contrairement à la démarche mise en œuvre dans les *Recherches*, les sens ne sont pas étudiés de manière distincte et successive, mais ils sont appréhendés dans ce qu'ils ont de commun. Ce faisant, Reid retrouve des points importants de son précédent ouvrage. *(b)* Il insiste notamment sur le fait que si la perception est une opération de l'esprit qui est simple en elle-même, elle est complexe du point de vue de sa place dans l'économie de l'esprit. En effet, elle ne se donne jamais seule, elle est étroitement reliée à la sensation d'une part, à la conception et à la croyance d'autre part. Du premier point de vue, Reid rappelle que la perception d'une chose ou d'une qualité est conjointe par nature à une sensation. La perception et la sensation sont à ce point concomitantes que le langage commun donne le même nom à la sensation et à la qualité perçue : par exemple « l'odeur de rose » désigne aussi bien la qualité dans la rose qui cause une certaine sensation chez le sujet sentant que la sensation elle-même (II.XVI, p. 194-195). Cette distinction, quoique réelle, n'est pas d'un usage commun, car elle ne répond pas aux besoins de la vie ordinaire. En général, le vulgaire ne s'attarde pas sur la sensation (à moins qu'elle soit très vive), il se réfère directement à la qualité de l'objet perçu. Du second point de vue, Reid précise que la perception d'un objet extérieur et de ses diverses qualités emporte immédiatement la conception de l'objet et la croyance à son existence. Cette conception et cette croyance sont « l'œuvre de la nature » (II.XVII, p. 210). Elles sont les ingrédients de la perception et à ce titre elles ne sauraient en être dissociées. Comme il s'agit de produits immédiats de notre constitution, nous ne pouvons en rendre raison : nous pouvons seulement constater que nous sommes ainsi faits que, suite à une certaine sensation, nous concevons immédiatement certains objets extérieurs et nous croyons immédiatement à leur existence présente (II.XX, p. 227).

a) Grâce à la perception, nous identifions les corps et leurs qualités premières (étendue, divisibilité, figure, mouvement, solidité, mollesse et fluidité), qualités dont nous avons des notions (ou conceptions) directes et distinctes. Par contre, nous n'avons que des notions relatives et obscures de leurs qualités secondes (son, couleur, goût, odeur, chaleur, froid). Nous ne savons pas ce qu'elles sont en elles-mêmes, nous n'en connaissons que les effets sensibles sur nous. Le même constat vaut pour les pouvoirs inhérents aux corps (pouvoirs mécaniques, chimiques, médicaux, végétaux, animaux), ainsi que pour les désordres organiques (II.XVIII). Nous n'en avons que des notions obscures et relatives, raison pour laquelle Reid les qualifie d'« occultes ».

Par exemple, même si les sensations de douleur m'informent de la présence de désordres organiques, elles ne me font pas percevoir ces désordres eux-mêmes. Cette mise au point sur la partition distincte mais coordonnée de la sensation et de la perception permet à Reid de désamorcer l'une des critiques les plus classiques faites aux sens : celle selon laquelle ils nous tromperaient. Selon Reid, les sensations étant toujours ce qu'elles nous paraissent être, il n'y a pas d'illusions des sens. Le problème est que la perception (qui suit naturellement une sorte de sensation) peut continuer de se produire, alors même que – étant donné la variation du contexte – elle n'a pas lieu d'être (par exemple, l'homme amputé d'une jambe croit toujours que son orteil est blessé, II.xviii, p. 214). L'erreur vient de ce que le jugement perceptif continue d'accompagner la sensation à laquelle la nature l'a joint là où une attention aux circonstances de l'expérience devrait nous prévenir contre une telle association. La sensation de la douleur, bien réelle et véridique, continue d'être interprétée comme le signe d'une chose à laquelle elle a toujours été conjointe jusqu'à présent, mais qui pourtant n'existe plus. L'erreur n'est donc pas intrinsèque aux sens, elle se loge dans cet interstice qui conduit de la sensation à la perception, et dans la manière hâtive dont nous interprétons le témoignage des sens, en négligeant les circonstances spécifiques de leur exercice. Loin de jeter du discrédit sur les sens, ce type d'erreur est parfaitement explicable par des lois de la nature. Le peintre exploite précisément ces lois quand il représente une sphère : il s'appuie sur les lois de correspondance qui relient les formes et étendues visibles aux formes et étendues tangibles, car il sait qu'à partir de la vision des premières (la vision d'une forme circulaire, avec une distribution caractéristique de la lumière et des couleurs), l'observateur jugera immédiatement qu'il perçoit un objet sphérique.

Suite à des remarques générales sur la croyance (ce grand « ressort » de l'esprit humain, p. 228) et sur les différents genres d'évidence (II.xx), Reid clôt ce volumineux essai en notant que, sur la base des perceptions naturelles, nous pouvons accroître nos connaissances. Nous finissons ainsi par percevoir immédiatement des choses qu'originellement nous ne percevions pas (ou que nous percevions par un autre sens). C'est le cas de la forme réelle d'un objet : dorénavant, nous la percevons par la vue, sans le toucher ; mais il a fallu prendre note de façon répétée de la liaison entre une certaine sensation tactile et une certaine apparence visible pour que la seconde ait pu devenir le signe de la première (II.XXI, p. 235-238). Une chose perçue peut elle-même devenir le signe d'une chose dont nous avons constaté par expérience qu'elle lui est constamment reliée (par exemple, la vue d'un carrosse devient le signe de la présence de son propriétaire). Ainsi, même si nous sommes constitués de sorte qu'à chaque sensation correspond une certaine information sur le monde extérieur, les choses ne sont pas figées. Nous disposons d'une marge de manœuvre pour perfectionner nos sens.

Reid souligne enfin que la conscience et la mémoire fonctionnent sur le même modèle que la perception sensible. À chaque fois, l'opération de l'esprit est accompagnée de la conception d'un objet et d'une croyance (la croyance que l'objet perçu existe, la croyance que ce dont je suis conscient existe présentement, ou la croyance que ce dont je me souviens distinctement a réellement existé). De même qu'un homme ne peut pas percevoir un objet extérieur sans le concevoir et croire qu'il existe, il ne peut pas avoir conscience de ses pensées et des opérations de son esprit sans croire qu'il pense, qu'il veut ou qu'il a du ressentiment. La conscience est aux opérations de l'esprit ce que la perception sensible est aux objets extérieurs : une source immédiate de connaissance.

La mémoire (III)

Si la conscience n'est pas étudiée dans un livre dédié, ce n'est pas le cas de la mémoire. La raison de ce traitement différencié apparaît facilement : la conscience est une des rares facultés, si ce n'est la seule, dont les philosophes modernes n'ont pas remis en cause les prétentions épistémiques. Il n'en va pas de même de la mémoire, dont les possibles défaillances ont souvent été prises comme le signe d'une fausseté intrinsèque. Reid s'attelle donc à montrer dans quelle mesure la mémoire est la source de croyances qui sont aussi certaines que des connaissances intuitives ou démonstratives. Par ce pouvoir de l'esprit, je suis convaincu, d'une part, que ce dont je me souviens a existé dans le passé, et d'autre part, que « moi, la personne qui se souvient maintenant de cet événement, suis identique à celle qui existait alors » (III.I, p. 255).

Ces deux croyances (la croyance à l'existence passée de l'objet remémoré, et la croyance à l'existence continue de la personne qui se souvient) ne sont pas inférées de croyances antérieures. Ce sont les produits *immédiats* de la mémoire. C'est pourquoi Reid qualifie la mémoire de faculté de connaître *originelle*. Par là, il faut comprendre que la mémoire n'est pas une faculté dérivée, seconde, qui aurait simplement pour vocation de conserver et de réactualiser des connaissances déjà acquises (par la conscience, la perception ou la raison). En effet, aucun autre pouvoir de l'esprit ne prend pour objet des événements passés ou mon identité à travers le temps. Autrement dit, la mémoire n'est pas qu'une faculté ancillaire, qui se met au service d'autres facultés, en conservant et en restituant (de façon plus ou moins fiable) les informations qui en émanent. C'est une authentique source de connaissances, qui porte sur des objets inédits, non pris en charge par les autres pouvoirs de l'esprit. Ainsi, c'est elle qui, de manière immédiate, nous suggère la notion de durée (III. III, p. 259). De même que la conception et la croyance qu'il existe un espace distinct des corps qui l'occupent nous est immédiatement suggérée par notre perception sensible des corps extérieurs, la conception et la croyance qu'il existe une durée distincte des événements qui la ponctuent nous est immédiatement suggérée par nos souvenirs des événements passés (III.III, p. 260). Le souvenir de nos expériences passées nous fournit également la conviction que nous sommes aujourd'hui la même personne que celle que nous étions par le passé (« chaque homme est convaincu de son identité, aussi loin que sa mémoire puisse remonter », III.IV, p. 262).

Pour autant, même si le souvenir nous informe de notre identité à travers le temps et de la continuité de notre existence par-delà la diversité des pensées et passions qui nous animent, ce n'est pas lui qui fait que nous sommes aujourd'hui la même personne que celle qui a accompli l'action remémorée. Autrement dit, le souvenir est bien une preuve (*evidence*) de notre identité personnelle à travers le temps, mais ce n'est pas lui qui constitue cette identité. Pour que le souvenir puisse témoigner de notre identité, encore faut-il que nous soyons effectivement une même personne. Selon Reid, cette distinction entre la question épistémologique de l'identification (qu'est-ce qui me garantit que je suis la même personne ?) et la question métaphysique de l'identité personnelle (qu'est-ce qui fait que je suis la même personne à travers le temps ?) a été occultée par Locke. À ses yeux, Locke ferait résider l'identité personnelle dans la preuve que nous en avons, c'est-à-dire dans le souvenir distinct. Or :

> dire que mon souvenir ou ma conscience d'avoir fait une certaine chose est ce qui fait que je suis la personne qui a effectué cette chose, est à mes yeux une absurdité trop grossière pour être admise par quiconque y prête attention. Car cela revient à attribuer à la mémoire ou conscience l'étrange pouvoir magique de produire son objet, alors même que l'objet doit avoir existé avant la mémoire ou la conscience qui l'a produit. (III.VI, p. 277)

Reid donne un ancrage métaphysique fort et substantiel à l'identité diachronique d'une personne. Sur ce point, il suit Joseph Butler qui, dans la première dissertation de son *Analogy of Religion* (1736), remarquait également que les témoignages de notre mémoire présupposent notre identité à travers le temps, mais ne la constituent pas.

À cette critique, Reid associe une objection qui fait état des conséquences logiques désastreuses de la théorie mémorielle de l'identité personnelle (III.VI, p. 276). En effet, selon cette théorie, un individu pourrait au même moment être et ne pas être la même personne que celle qui a accompli une certaine action par le passé. Car si on accepte qu'à t_{n+2} un individu puisse ne pas se souvenir de ce qu'il a fait à t_n, alors même qu'il se souvient de ce qu'il a fait à t_{n+1}, et qu'à t_{n+1} il se souvenait de ce qu'il avait fait à t_n, alors (en vertu de la transitivité de l'identité) on peut considérer qu'il est la même personne que l'individu ayant réalisé l'action à t_n ; mais si l'identité personnelle exige un souvenir actualisé, alors l'individu à t_{n+2} n'est pas la même personne que l'individu à t_n. La défense de la théorie mémorielle de l'identité personnelle impliquerait donc la mise au ban du principe logique de la transitivité de l'identité. (Notons toutefois que cette critique s'acharne contre un adversaire de paille, puisque Locke situe l'identité d'une personne non pas dans le souvenir, mais dans la suite continue de ses pensées conscientes – voir Thébert, dans éd. Ong-Van-Kung 2019).

La conception (IV)

La simple conception (*bare conception*), ou appréhension simple (*simple apprehension*), est une opération de l'esprit indécomposable en éléments plus primitifs. Elle consiste à penser à un objet, indépendamment de tout jugement ou croyance relativement à l'existence ou la non-existence de cet objet (Reid utilise les termes « jugement » et « croyance » de façon interchangeable).

Bien qu'il puisse y avoir des conceptions sans croyance, il ne saurait y avoir de croyance sans conception : par exemple, je ne peux croire qu'il y a un livre posé là, sans concevoir ce livre et ses propriétés. À ce titre, la conception est un ingrédient de nombreuses opérations de l'esprit (la perception, la mémoire, la conscience et le raisonnement). Mais soyons vigilants : ce n'est pas parce que tout jugement emporte avec lui une conception de la chose qui est jugée, que le jugement est une espèce de conception. En effet, même si la conception entre dans la composition du jugement, ce dernier n'est pas une certaine modalité de la conception. Reid retrouve ici une leçon professée dès les années d'enseignement à Aberdeen. Dans la troisième *Oraison*, il partait de la distinction entre appréhender, comprendre, concevoir, imaginer d'une part, et juger, croire, donner son assentiment d'autre part (EEU, p. 85). Il montrait qu'il s'agit de deux opérations de l'esprit foncièrement distinctes, et que cette distinction a été manquée par Hume qui définit le jugement comme un certain degré d'appréhension (p. 89), ou comme une conception vive, ainsi que par Locke qui (à ses yeux) décrirait le jugement comme issu d'une comparaison d'idées (ou appréhensions simples). Plus généralement, Reid critique les philosophes modernes qui, prévenus par la théorie des idées, réduisent les opérations de l'esprit à une perception interne. Loin de faire sien ce grand gloubi-boulga psychologique, Reid veut nous rendre sensibles aux différences réelles qui existent entre elles.

L'un des arguments que Reid oppose à l'approche uniformisante de l'esprit est que, dans sa lecture du développement des opérations de l'esprit, elle prend les choses à rebours. En effet, elle part du simple (la saisie d'une idée) pour aller progressivement vers le plus complexe (le jugement et le raisonnement). Or au cours de son développement, l'esprit procède autrement. Ce qui se présente immédiatement à lui, c'est du composé (en l'occurrence, des états de conscience, des perceptions et des souvenirs, qui sont composés de conceptions et de croyances). Parvenir à démêler ces différents ingrédients et faire abstraction du jugement pour appréhender la chose toute nue, indépendamment de quelque affirmation ou négation à son sujet, requiert une maturité d'esprit et des talents d'observation qui ne s'exercent qu'à force d'applications constantes. Ainsi, dans l'histoire naturelle de l'esprit, c'est bien le jugement qui précède l'appréhension simple. Pour appuyer son propos, Reid fait une analogie avec l'analyse chimique : de même que l'analyse chimique part des corps entiers pour les résoudre en leurs plus simples éléments, les appréhensions simples sont obtenues par analyse ou résolution des jugements naturels (IV.III, p. 327).

Reid distingue trois types de conceptions : nous pouvons concevoir des choses qui émanent de notre fantaisie (une montagne d'or), des choses individuelles (le pont de Westminster), ou des choses générales et abstraites. Être conçu est d'ailleurs le seul mode d'être du général. En parfait nominaliste, Reid constate qu'il n'existe que des choses individuelles dans la nature (IV.I, p. 302-303). Dans ces conditions, les mots généraux désignent des espèces de substances, de qualités ou de relations, qui rassemblent tous les attributs dont nous avons observé qu'ils sont communs aux individus de cette catégorie (par exemple, toutes les propriétés communes aux chevaux, aux êtres courageux ou aux relations d'égalité). La conception générale correspond à la signification que les hommes qui comprennent le mieux la langue donnent aux termes généraux.

L'analyse de la conception est l'occasion pour Reid d'asséner un nouveau coup à la théorie des idées. En effet, le pouvoir de concevoir n'est pas un « pouvoir plastique » par lequel nous formons pour nous-mêmes des images des objets (IV.I, p. 299). Concevoir *x*, ce n'est pas avoir une image de *x* à l'esprit, mais c'est penser à un objet qui, peut-être, n'existe pas (ainsi en est-il des objets de la fantaisie et des universaux). Quand bien même ce que je conçois n'a pas d'existence présente et n'a peut-être jamais existé, voire n'existera jamais, je n'ai pas besoin de lui substituer un autre objet dans l'esprit, qui serait une idée. Quand je conçois un centaure, je ne conçois pas l'image d'un centaure, mais je conçois le centaure lui-même. « La chose que je conçois est un corps d'une certaine figure et d'une certaine couleur, doué de vie et de mouvement spontané » (IV.II, p. 321-322). Comme dans la perception, il n'y a pas d'idée qui s'interpose entre l'esprit et l'objet. Le centaure ne se trouve à proprement parler nulle part, puisqu'il n'existe pas. On peut certes dire qu'il existe dans l'esprit, mais simplement au sens où *il est conçu*. Toutefois, en tant qu'il est conçu, le centaure n'est pas un objet de la pensée (qui persisterait par-delà l'acte de la pensée) : la conception du centaure est un *acte de l'esprit*, qui n'existe dans l'esprit qu'en tant qu'on pense. Si l'on parle de « l'image d'un centaure dans l'esprit », il faut comprendre cette expression au sens figuré, pas au sens littéral.

> Je peux également concevoir un objet individuel qui existe réellement, tel que l'Église Saint Paul à Londres. J'en ai une idée, c'est-à-dire que je la conçois. L'objet immédiat

> de cette conception est éloigné de quatre cents miles. Et je n'ai pas de raison de penser qu'il agit sur moi ou que j'agis sur lui. Néanmoins je peux y penser. (IV.II, p. 324)

Reid dédramatise l'activité de la pensée : là où ses prédécesseurs la voyaient comme la source d'un problème à résoudre (comment peut-on penser à quelque chose qui n'est pas là ?), problème auquel l'idée constituait la solution, Reid estime qu'il n'y a rien de magique là-dedans. Cette démystification de la pensée implique de ne plus l'appréhender à partir de l'analogie avec la matière, et donc de renoncer au principe selon lequel, tout comme la mise en mouvement d'un objet suppose qu'il soit mis en contact avec un autre objet en mouvement, de même penser à un objet supposerait que l'objet soit immédiatement présent à l'esprit et qu'il le touche. Nous devons nous déprendre de cette tendance qui consiste à transposer dans le domaine de la pensée des principes qui ne valent que pour la matière. Si ces analogies nous permettent de parler des opérations de l'esprit, elles ne nous disent rien de leur nature.

Dans le dernier chapitre de l'essai IV, Reid s'intéresse à la succession des pensées qui traversent l'esprit conscient. Introduisant le « train de la pensée » (*train of thought*), il anticipe la notion de « courant de conscience », comme on le voit dans cet extrait de l'essai VI :

> les objets de la conscience ne sont jamais au repos, le courant de la pensée s'écoule comme une rivière, sans cesser un seul instant ; tout le train de la pensée passe en ordre successif devant l'œil de la conscience, qui s'applique toujours au présent. (VI.I, p. 420-421)

Reid note que nos pensées se succèdent de façon régulière et ordonnée, soit de manière spontanée, soit parce qu'une intention leur a donné une direction particulière. La succession spontanée des pensées est elle-même souvent le produit de l'habitude et d'une direction qui leur a été initialement donnée (par la personne elle-même ou par un autre être rationnel, IV.IV, p. 340). Par conséquent, n'en déplaise à Hume, pour rendre compte de l'association « naturelle » de nos idées, nous n'avons pas besoin de supposer que les idées reliées possèdent des qualités associatives, en vertu desquelles elles s'attireraient inexorablement. Si nos idées s'associent aujourd'hui spontanément, il s'agit d'une spontanéité acquise grâce au pouvoir de l'habitude, et qui suppose une intention initiale (de l'agent lui-même ou de l'agent divin, voir Jaffro 2014, p. 209).

L'abstraction (V)

L'abstraction peut désigner l'opération de l'esprit par laquelle nous donnons des noms généraux à des attributs que nous avons préalablement distingués ; l'opération de l'esprit par laquelle nous observons que des attributs sont communs à de nombreux objets ; et l'opération de l'esprit par laquelle nous combinons différents attributs et donnons un nom à l'ensemble. Ainsi, grâce à l'abstraction, nous pouvons former des notions générales des genres et des espèces (V.III, p. 365), c'est-à-dire des conceptions générales. Comme cela suppose de donner un nom général à ce qui est conçu, l'examen de l'abstraction conduit Reid à réfléchir à la signification des mots généraux.

Le sens d'un mot, c'est sa référence (non une idée dans l'esprit). Dans ces conditions, les mots généraux signifient soit des attributs des choses, soit des genres ou espèces de choses, c'est-à-dire ce qui est commun à différents individus. Autrement dit, ils signifient des conceptions générales. Reid rappelle que la mise à l'écart de la théorie des idées, qui fait de l'idée un objet dans l'esprit sur lequel l'esprit opèrerait tel un artisan façonnant de la matière, implique de ne pas considérer les conceptions comme des items mentaux. Les conceptions sont des actes de l'esprit qui sont individuels. Par conséquent, si conceptions générales il y a, elles renvoient aux choses conçues, c'est-à-dire à ce qui est commun à différents individus. L'objet de la conception (son contenu) peut être général, sans que la conception même de cet objet (son mode d'être) soit générale.

> Les mots *notion* et *conception*, dans leur sens propre et le plus ordinaire, signifient l'acte ou l'opération de l'esprit quand il conçoit un objet. En un sens figuré, ils sont quelquefois mis pour l'objet conçu. Et je pense qu'ils sont rarement, si ce n'est jamais, utilisés en ce sens figuré, sauf quand nous parlons de ce que nous nommons *notions générales* ou *conceptions générales*. [...] La généralité est dans l'objet conçu, et non dans l'acte de l'esprit par lequel il est conçu. Tout acte de l'esprit est un acte individuel, qui existe ou a existé. Mais nous avons le pouvoir de concevoir des choses qui n'existent pas et n'ont jamais existé. Nous avons le pouvoir de concevoir des attributs sans égard à leur existence. La conception d'un tel attribut est un acte de l'esprit réel et individuel, mais l'attribut conçu est commun à de nombreux individus qui existent ou peuvent exister. (V.v, p. 385)

On voit donc que la critique des conceptions générales abstraites, dont Berkeley et Hume furent les fers de lance, témoigne d'une méprise de ces philosophes. S'ils niaient l'existence de ces conceptions, c'est parce qu'ils les prenaient pour des idées, c'est-à-dire pour des objets dans l'esprit. Tout objet étant nécessairement individuel, il découlait nécessairement à leurs yeux qu'il ne pouvait y avoir de conceptions intrinsèquement générales. De son côté, Reid distingue le sens philosophique et figuré des mots *idée* et *conception* (qui renvoient à des entités dans l'esprit) de leur sens propre et courant (ils désignent des attributs communs). Ce faisant, il donne droit de cité aux conceptions générales, lesquelles sont formées par tout homme doué d'entendement commun à partir du moment où il parle.

Du point de vue du développement de l'esprit, les conceptions générales en constituent l'acmé. L'esprit perçoit tout d'abord des individus complexes, dotés de nombreux attributs. Ce n'est qu'en gagnant en maturité et en multipliant les expériences qu'il est conduit à observer des qualités spécifiques au sein des individus (par exemple, la blancheur). Il en a alors une simple conception. À partir de là, il peut combiner différentes conceptions, qu'il a préalablement nommées, pour former une idée complexe. Cette conception, résumée par un nom, désigne non pas un individu, mais la classe de choses à laquelle l'individu appartient (V.v, p. 387). Là encore, l'esprit procède comme en chimie : il commence par résoudre les éléments avant de les composer.

Le jugement (VI)

Le jugement est un acte solitaire de l'esprit, par lequel nous déterminons ce qui est vrai ou faux. À ce titre, contrairement au témoignage, il peut ne pas être exprimé. C'est aussi un acte central de l'esprit, au sens où c'est « une partie ou un ingrédient » de la perception, de la mémoire et de la conscience. En effet, je ne peux pas percevoir que j'écris sur une table recouverte d'une nappe verte sans croire qu'il est vrai que j'écris sur une table recouverte d'une nappe verte (VI.i, p. 409-410). Il en va de même pour le souvenir et mes contenus de conscience.

Les sens externes, la mémoire et la conscience sont donc des facultés de jugement, même si nous ne disons pas toujours explicitement que *nous jugeons que* ce que nous percevons, ce dont nous nous souvenons, ou ce dont nous avons conscience, *est vrai.*

> Une femme enceinte ne dit jamais que, quand elle fait un voyage, elle emporte son enfant avec elle. Nous savons que, tant qu'il est dans son ventre, elle l'emporte nécessairement avec elle. Il y a certaines opérations de l'esprit dont on peut dire qu'elles portent en leur sein le jugement, et qu'elles ne peuvent pas plus le laisser derrière qu'une femme enceinte ne peut laisser son enfant. Par conséquent, quand nous parlons de telles opérations, il n'est pas exprimé. (VI.I, p. 410)

Seule la conception n'emporte pas nécessairement de jugement avec elle. Pour autant, Reid admet que les rapports entre le jugement et la conception sont complexes. En effet, pour former des notions générales et abstraites, il faut distinguer des attributs, généraliser l'application d'un attribut à différents individus, et combiner différents attributs au sein d'une même notion. Autrement dit, il faut juger. Le jugement intervient donc dans la formation de certaines notions. Prenant le contre-pied d'une longue tradition en logique, selon laquelle le jugement est une opération de l'esprit qui combine des idées (préalablement conçues) dans des propositions, Reid montre que même si, une fois formées, nos conceptions générales ne font pas nécessairement l'objet d'un jugement, leur formation est le fruit de nombreuses opérations du jugement. L'adoption du point de vue généalogique montre que dans leur enfance nos facultés s'apportent un appui mutuel, et que le jugement se mélange à la plupart d'entre elles. Pour illustrer cette interdépendance du jugement et de la conception, Reid établit une analogie avec les outils qu'un artisan mobilise dans son art :

> Un homme de l'art, disons un charpentier, ne peut pratiquer son art sans outils, et ces outils doivent être les produits d'un art. L'exercice de l'art est donc nécessaire pour fabriquer les outils, et les outils sont nécessaires à l'exercice de l'art. Il y a la même apparence de contradiction que dans ce que j'ai dit concernant la nécessité d'un certain degré de jugement pour former des conceptions claires et distinctes des choses. Celles-ci sont les outils que nous devons utiliser quand nous jugeons et raisonnons, et sans elles nous sommes condamnés à produire un ouvrage fort maladroit. Cependant ces outils ne peuvent être forgés sans un certain exercice du jugement. (VI.I, p. 416)

Ainsi, le jugement intervient dans le façonnement de ses propres ingrédients. La cuisine interne de l'esprit a différentes strates ; pour ne pas les occulter, nous devons veiller à ne pas nous focaliser sur la manière dont nos facultés opèrent à leur état mature.

Aux chapitres V et VI, Reid entreprend d'énumérer les premiers principes des vérités contingentes et nécessaires. Les vérités contingentes portent sur des existences et événements qui dépendent du pouvoir et de la volonté de l'Être suprême (ils ont eu un commencement et ils peuvent prendre fin). À l'opposé, les vérités nécessaires sont immuables, et leur objet ne dépend de la volonté et du pouvoir d'aucun être. Ainsi en est-il des vérités mathématiques, qui sont vraies quand bien même leurs objets n'existeraient pas dans la nature.

Bien que Reid s'attache à faire un exposé clair et sans apprêt, la formulation des premiers principes n'est pas dénuée d'ambiguïté. On peut notamment s'interroger sur la nature des premiers principes des vérités contingentes : s'agit-il de principes généraux ou de jugements particuliers ? Reid affirme que « nous sommes déterminés par la constitution de notre pouvoir de perception à tenir l'existence de ce que nous percevons distinctement pour un premier principe » (EIP, II.v, p. 100). Mais qu'est-ce qui est un premier principe ? Est-ce « l'existence de ce que nous percevons distinctement » *en général* (Lehrer 1989), ou est-ce « *chaque* existence perçue distinctement » (Van Cleve 2015) ? Cette alternative n'est peut-être pas la bonne (Thébert, dans eds. Copenhaver, Buras 2015) : en effet, si pour les besoins de l'exposé philosophique Reid donne une forme générale aux premiers principes, dans la vie commune les principes se manifestent au travers de jugements particuliers. Par exemple, même si le vulgaire ne croit pas explicitement que les choses qu'il perçoit distinctement existent, cette croyance est impliquée dans les jugements particuliers qui sont les produits immédiats de ses sens. En fait, chaque jugement particulier immédiat est une instanciation du principe général (*a particular application of the general principle*, VI.vi, p. 504). Si seul le principe général a la dignité d'un axiome (VI.vii, p. 520-521), ce n'est que lorsqu'il s'applique dans un contexte particulier que son évidence apparaît immédiatement au vulgaire (VI. vi, p. 508). Les premiers principes sont donc des lois générales de la croyance qui, dans des circonstances particulières, s'expriment dans des jugements particuliers. Chaque premier principe comprend virtuellement en son sein des millions de propositions particulières, qui sont évidentes par elles-mêmes, mais qu'il est impossible et vain d'énumérer (Marcil-Lacoste 1982, p. 114). De même, chaque perception est l'occasion d'exprimer plusieurs premiers principes. Quand je vois qu'on renverse un verre d'eau sur la table, ma perception emporte avec elle à la fois le principe selon lequel « les choses que je perçois distinctement existent réellement et sont telles que je les perçois », le principe selon lequel « les qualités que je perçois ont un sujet, qui est le corps » (ici, une table, un verre), et le principe selon lequel « les phénomènes de la nature seront probablement semblables à ceux qui se sont produits dans des circonstances similaires » (ici, l'eau s'écoule). Sans ces principes à l'arrière-plan, l'information fournie par les sens serait extrêmement indigente.

La démonstration du caractère premier des principes se fait de manière indirecte. Pour chacun d'eux, Reid montre que nous n'en sommes informés ni par l'expérience ni par le raisonnement, et que ni l'un ni l'autre ne peut les prouver en bonne et due forme. D'une part l'expérience a beau confirmer et illustrer ces principes, elle ne prouve pas leur caractère universel ; d'autre part le raisonnement pèche par circularité, puisqu'il présuppose cela même qui doit être démontré. Mais bien qu'ils soient inaptes à les prouver de façon complète et non circulaire, ce n'est pas une raison pour en douter. Reid rejette l'alternative qui nous somme de choisir entre une justification par l'expérience ou le raisonnement, et le doute. Il dégage une troisième voie, selon laquelle ces croyances sont des *décrets naturels*, c'est-à-dire des croyances inscrites dans notre constitution, qui fixent le cadre au sein duquel nos expériences et nos raisonnements prennent place.

Examinons certains premiers principes. Je sais de manière immédiate que mes semblables sont dotés de vie et d'intelligence (huitième premier principe des vérités contingentes), et je perçois immédiatement leurs états d'esprit dans les traits de leur visage, les sons de leur voix et leurs gestes, qui en sont les signes naturels (neuvième premier principe des vérités contingentes). Cette perception n'est pas le fruit d'une inférence. Mon esprit est constitué de telle sorte que je relie naturellement ces signes visibles à certains états d'esprit invisibles, dont ils me donnent la conception et la croyance. Je n'apprends pas à décrypter les traits du visage : je perçois immédiatement ce qu'ils expriment (VI.v, p. 485-486). Dans ces conditions, autrui n'est pas un mystère insondable. Reid rompt avec l'idée selon laquelle il y aurait un privilège épistémique de la connaissance de soi sur la connaissance d'autrui, et il fait droit à une connaissance des pensées d'autrui qui est naturelle et immédiate.

Selon le principe d'uniformité de la nature (douzième premier principe des vérités contingentes, VI.v, p. 489-490), les mêmes causes produisent les mêmes effets. Ce principe n'est pas le fruit de nos expériences, il constitue l'arrière-plan sur le fond duquel nous faisons nos expériences et sans lequel nous ne saurions en tirer aucune leçon. Contrairement à Hume qui fait la généalogie de ce principe, Reid ne le considère pas comme un effet (l'effet que la coutume produit sur des esprits qui suivent la pente des associations de l'imagination). Il s'agit d'un principe originellement inscrit dans notre constitution. À cet égard, ce n'est ni un principe que nous devons expliquer, ni un principe dont nous devons rendre raison, puisque nous le présupposons avant même que nous fassions usage de notre raison. En l'intégrant dans le sérail des premiers principes des vérités contingentes, Reid rappelle à quel point la méthode inductive, qui prend appui sur ce principe, se fond dans le moule de l'esprit humain.

La liste des premiers principes des vérités nécessaires est éclectique. Elle comprend des principes de grammaire, des principes logiques, des principes mathématiques, des principes du goût, des principes moraux et des principes métaphysiques (comme « Les qualités que nous percevons par nos sens doivent avoir un sujet, que nous appelons *le corps*, et les pensées dont nous sommes conscients doivent avoir un sujet, que nous appelons *l'esprit* », « On peut inférer avec certitude le dessein ou l'intelligence dans la cause, à partir de ses marques ou signes dans l'effet »). Reid s'arrête en particulier sur ce dernier principe. Il montre que même si l'expérience et le raisonnement ne peuvent le prouver de manière concluante, sa contestation n'est envisagée par aucun homme sensé. C'est sur la base de ce principe que nous « concluons » à l'existence de certaines qualités morales et intellectuelles chez nos semblables. Il trouve également une application en théologie naturelle (VI.VI, p. 508-512). Dès lors, si nous refusons de « conclure » à l'existence d'un Dieu sage et intelligent sur la base de la perception d'un ordre dans les phénomènes naturels, alors en toute cohérence nous ne devrions pas non plus « conclure » à l'existence d'autres esprits que le nôtre et à la présence de qualités morales et intellectuelles chez nos semblables, à partir de l'observation de leurs actions et discours. Dans les deux cas, la même opération de l'esprit est engagée : nous nous appuyons sur des signes visibles pour « conclure » à l'existence d'une cause sage et intelligente (mais il ne s'agit pas d'une inférence au sens strict, la croyance que Dieu existe découle naturellement de la perception de sa signature dans le monde).

Le raisonnement (VII)

Comme le jugement, le raisonnement est un don de la Nature. Cependant, il requiert davantage d'exercice pour se développer. Là où le pouvoir de juger est comparable au pouvoir d'avaler notre nourriture, le pouvoir de raisonner est analogue au pouvoir de marcher ou de courir, qui s'acquiert par une pratique régulière (VII.I, p. 543-544).

Reid distingue le raisonnement démonstratif du raisonnement probable. Le raisonnement démonstratif portant sur des objets considérés sans égard à leur existence, il s'exerce en mathématiques et en métaphysique, mais pas en morale (VII.II, p. 550-551). En effet, en morale les propositions portent sur des individus, auxquels certaines obligations morales s'imposent. Or les individus étant des êtres concrets, placés dans des circonstances particulières, on ne peut pas déduire de façon nécessaire des obligations morales les concernant. Certes, il y a des propositions morales qui sont abstraites (comme « il n'y a pas d'injustice là où il n'y a pas de propriété », « aucun gouvernement n'accorde de liberté absolue »), mais leur évidence est davantage intuitive que démonstrative. Par conséquent, en dépit de ce que Locke affirme, la morale n'est pas autant capable de démonstration que les mathématiques.

En fait, nous discernons la plupart de nos obligations morales de façon immédiate, nous savons ce qu'il est juste ou injuste de faire sans avoir besoin de convoquer l'évidence d'un raisonnement. Il est heureux qu'il en soit ainsi, faute de quoi le genre humain périrait avant même d'être parvenu à déceler les principes de la morale. Le discernement des principes moraux « a plus d'analogie avec les perceptions des sens qu'avec les conclusions du raisonnement démonstratif » (p. 554). En morale, le raisonnement nous est tout au plus utile quand nous nous interrogeons sur la manière d'appliquer un devoir général dans des circonstances particulières. Mais alors, étant donné la singularité du contexte et son caractère contingent, le raisonnement que nous mobilisons n'est pas démonstratif, mais probable (p. 553).

Le raisonnement démonstratif se distingue du raisonnement probable par sa forme. Dans un raisonnement démonstratif, un seul argument suffit à prouver définitivement une proposition. Ce n'est pas le cas du raisonnement probable.

> La force du raisonnement probable, pour sa plus grande part, ne dépend pas d'un unique argument, mais de plusieurs qui unissent leur force pour conduire à la même conclusion. Chacun de ces arguments pris à part serait insuffisant pour susciter la conviction ; mais tous pris ensemble peuvent avoir une force qui est irrésistible, de sorte qu'il serait absurde de désirer davantage d'évidence. [...] Une pareille évidence peut se comparer à une corde faite d'un certain nombre de fils ténus, tressés ensemble. La corde a une force plus que suffisante pour supporter la charge à laquelle elle est soumise, bien qu'aucun des fils qui la composent ne suffise à cette fin. (VII.III, p. 556)

Dans ce type de raisonnement, nous disposons d'un faisceau de preuves qui convergent vers la proposition à prouver. Notre assentiment plie alors sous le poids des données probantes, c'est-à-dire de l'évidence probable. L'évidence probable, prise en ce sens philosophique, peut donc produire une certitude tout autant que l'évidence démonstrative. Reid note que « beaucoup de choses sont certaines, pour lesquelles nous n'avons que cette sorte d'évidence que les philosophes appellent *probable* » (VII.III, p. 562). Cette évidence peut prendre la forme du témoignage humain, de l'autorité des personnes compétentes, de notre familiarité avec les objets examinés, des principes généraux de la conduite humaine, des signes extérieurs des intentions et des caractères des hommes, de la probabilité des chances, et de l'évidence inductive. Mais c'est bien la combinaison de ces différents éléments qui peut produire une conviction. Pris séparément, ils ne sont pas concluants.

Le goût (VIII)

Le goût est ce pouvoir de l'esprit par lequel nous discernons ce qui est beau ou laid dans la nature et les beaux-arts, et par lequel nous éprouvons du plaisir ou du dégoût. Comme pour le sens externe du goût, par lequel nous distinguons et apprécions diversement différents genres de nourriture, le goût interne implique un jugement. Admirer un objet, c'est juger qu'il est harmonieux, beau ou grand, et c'est lui attribuer une excellence qui est propre au genre d'objet qu'il est. Ce jugement est accompagné d'une sensation agréable, nommée « le sens du beau » (VIII.I, p. 578). Cette sensation est le signe d'une qualité dans l'objet, qui cause cette émotion. Reid précise que si la beauté se trouve bien dans l'objet, la sensation de plaisir se trouve quant à elle dans l'esprit qui la perçoit.

Reid distingue le goût juste et rationnel du goût dépravé et corrompu (VIII.I, p. 576) : ce dernier s'explique par l'influence des préjugés, de la coutume et des libres associations d'idées ; son existence (et plus largement l'existence d'une diversité des goûts) ne remet donc pas en cause l'existence d'un critère de la beauté et du bon goût. Toutefois, ce critère ne s'applique pas aux jugements instinctifs (comme lorsque nous exprimons nos préférences pour des personnes que nous trouvons « charmantes ») :

de tels jugements étant de purs dons de la Nature, ils ne peuvent être évalués à l'aune d'un critère. Il en va autrement pour les jugements rationnels, qui se fondent sur une qualité de l'objet que nous concevons distinctement (VIII.IV, p. 598).

Les qualités des choses qui plaisent à un bon goût sont la nouveauté (II), la grandeur (III) et la beauté (IV). La nouveauté désigne la relation qu'une chose entretient avec la connaissance de la personne qui la découvre (VIII.II, p. 579-580). Le plaisir suscité par la nouveauté se dissipe à mesure que nous gagnons en familiarité avec l'objet. Il doit donc être soutenu par une autre qualité, comme la grandeur. Un objet *grand* est un objet dont les qualités propres à son genre sont portées à leur plus haut degré d'excellence. Il suscite le sentiment d'admiration (VIII.III, p. 585). On qualifie l'objet de *grand* alors que, au sens propre, la grandeur est une qualité de l'esprit qui a réalisé cet objet. La grandeur d'un objet est donc une grandeur dérivée, qui est le signe d'une grandeur réelle, sise dans l'esprit de celui qui l'a conçu. Comme pour la grandeur, l'émotion agréable suscitée par un bel objet (l'amour et l'estime) s'accompagne de la croyance que l'objet possède une perfection ou excellence réelle (VIII. IV, p. 592). Et comme pour la grandeur, il y a une beauté originelle et une beauté dérivée : la beauté originelle (qui se trouve dans les qualités de l'esprit de l'agent qui crée) est transférée aux objets des sens, qui en sont les signes ou les effets. Nous ne percevons la beauté originelle des perfections morales et intellectuelles d'un agent que par le moyen des objets matériels, sur lesquels il imprime sa marque ou « signature ».

À bien des égards, la sémiotique à l'œuvre dans la perception esthétique est similaire à celle qui est de mise dans la perception des qualités des objets extérieurs, la perception des pensées et des sentiments d'autrui, et la perception morale. À chaque fois, un élément sensible est le signe d'autre chose. Il y a toutefois cette différence que dans la perception des qualités des objets extérieurs, la sensation est associée de façon si étroite aux qualités de l'objet dont elle est le signe que nous glissons sur elle sans la voir. Dans la perception des pensées et des sentiments d'autrui, dans la perception morale et dans la perception esthétique, nous sommes davantage conscients des signes matériels sur lesquels nous nous appuyons pour attribuer des qualités psychologiques, morales ou esthétiques à un agent, une action ou un objet. Contrairement au premier type de sensations, sur lesquelles nous ne nous appesantissons pas, nous pouvons plus facilement porter notre attention aux traits du visage de notre interlocuteur, aux caractéristiques matérielles d'une action, ou aux propriétés physiques d'un objet. Nous y sommes d'ailleurs reconduits quand nous faisons face à des désaccords. Nous prenons alors conscience du fait que la transition qui conduit de ces éléments accessibles à tous (disponibles dans la sphère publique) aux jugements sur la chose signifiée (« il est triste », « c'est mal », « c'est beau ») peut être obstruée par des préjugés, l'influence de la coutume et des associations. C'est ce qui explique la variété des opinions en morale, en esthétique (et dans une moindre mesure quand on décrit les états mentaux d'autrui). Dans la perception des qualités des objets extérieurs, le passage qui conduit du signe à la chose signifiée est moins susceptible d'être brouillé. Des erreurs sont possibles, quand on ne prend pas en compte les circonstances dans lesquelles les sensations émergent, mais elles sont plus marginales, raison pour laquelle ce langage des sensations est très efficace.

ESSAIS SUR LES POUVOIRS ACTIFS DE L'HOMME

Cet ouvrage vient couronner l'analyse des pouvoirs de l'esprit. Il se concentre sur l'analyse des pouvoirs qui meuvent et motivent l'agent (les instincts, les passions, le sens du devoir, etc.). Selon Reid, toute la valeur de l'homme consiste dans le bon usage de son pouvoir actif : « agir comme il convient a bien plus de prix que penser avec justesse ou raisonner avec exactitude » (EPA, p. 22). Il importe donc d'en examiner la nature et de préciser les sortes d'actions qu'il rend possible. Les *Essais sur les pouvoirs actifs* progressent d'une analyse métaphysique (qui porte sur la nature de l'action en général, et de l'action volontaire en particulier : essais I-II) à une analyse centrée sur les conditions de l'action morale (essais III-V).

Une position libertarienne

Les hommes sont des agents libres, car ils ont le pouvoir d'être la cause efficiente de leurs actions. Ils remplissent les conditions nécessaires à la possession d'un tel pouvoir (être doué d'entendement et de volonté). Qui plus est, les hommes sont naturellement convaincus d'être des agents libres. Ils sont très tôt convaincus d'avoir un certain degré de pouvoir sur leurs actions et les déterminations de leur volonté (c'est un principe du sens commun). Cette croyance se manifeste à travers le sentiment de responsabilité morale (c'est parce qu'ils croient qu'ils ont tout autant le pouvoir de vouloir faire *x* et le pouvoir de ne pas vouloir faire *x* que les hommes se considèrent comme comptables de leurs actions). Enfin, cette croyance est présupposée quand ils adoptent un système de conduite qu'ils ont préalablement conçu : les hommes ne mettent en place un plan d'action que parce qu'ils sont convaincus que ce dernier est en leur pouvoir, sinon ils ne se lanceraient pas dans une entreprise qui requiert parfois beaucoup d'abnégation. En bref, la croyance qu'ils sont des agents libres est présupposée dans la conduite de la vie et dans de nombreuses opérations de l'esprit :

> Toutes nos volitions et tous nos efforts pour agir, toutes nos délibérations, intentions et promesses présupposent la croyance en l'existence d'un pouvoir actif en nous-mêmes ; nos conseils, nos exhortations et les ordres que nous donnons présupposent la croyance en l'existence d'un pouvoir actif chez ceux à qui ils sont adressés. (I.II, p. 34-35)

Tous les arguments que Reid présente en faveur de la réalité de la liberté humaine (IV.VI-VIII) sont fondés sur cette croyance naturelle, cette conscience morale ou ce sentiment intime de l'effort.

Le pluralisme des motifs

Les arguments anti-libertariens affirment que nous n'avons pas de pouvoir sur les déterminations de notre volonté (IV.I), que la liberté est incompatible avec l'influence des motifs, qu'elle rendrait les actions humaines « capricieuses » et l'homme « ingouvernable » (IV.IV-V), et enfin que la liberté de détermination est impossible, nuisible et incompatible avec la prescience divine (IV.IX-X-XI). Arrêtons-nous sur le deuxième argument : les partisans de la thèse déterministe mettent en avant le fait que nos actions sont influencées par de nombreux motifs. Il s'agirait des véritables causes (souvent inconscientes) de nos actions. La réponse de Reid prend appui sur une longue analyse menée dans l'essai III, dans laquelle il prend soin de démêler les différents motifs de nos actions.

En voici la typologie :

Il y a tout d'abord des motifs ou des principes d'action mécaniques (III.I.II-III), dans lesquels ni la volonté ni l'entendement n'interviennent. Dans ce cas, les mouvements sont les produits d'instincts ou d'habitudes. C'est le cas de l'instinct de succion chez l'enfant.

Il y a ensuite des motifs animaux, « qui agissent sur notre volonté et sur nos intentions sans requérir l'exercice du jugement et de la raison » (III.II.I, p. 109). Ainsi en est-il des appétits (faim, soif, désir sexuel), des désirs (désir du pouvoir, désir d'être estimé, désir de connaître), et des affections bienveillantes et malveillantes. Reid note que ces principes d'action participent à la préservation de soi, à la préservation de l'espèce, ainsi qu'à la vie en société. Ce sont des auxiliaires de la vertu (III.II.II, p. 119). Ils permettent aux hommes d'accomplir leurs fins avant même que leur raison n'ait eu le temps de s'exercer. Il note également que les passions, dispositions et opinions peuvent enflammer ou tempérer ces principes d'action. Ces principes influencent directement la volonté, ils donnent une impulsion à l'action, à laquelle il est difficile de résister. C'est pourquoi on ne peut qualifier ces actions de « libres ». Toutefois, on peut apprendre à résister à ces motifs, ce qui suppose de développer le gouvernement de soi.

Enfin, il y a des motifs rationnels, dont l'évaluation requiert un jugement calme et délibéré, et dont l'application requiert la volonté. Parmi les motifs rationnels, il y a des raisons prudentielles, liées à notre *sens de l'intérêt bien compris* (*our good on the whole*, III.III.II) : dans ce cas, nous évaluons le bien ou le mal d'une action en prenant en compte l'ensemble de ses relations et de ses conséquences. Appréhender les conséquences futures d'une action suppose d'avoir des « vues larges ». La difficulté à atteindre des vues aussi larges sur l'existence humaine rend nécessaire la prise en compte d'un autre principe d'action rationnel, qui commande quelles que soient les circonstances, et qui n'est pas soumis à une estimation des conséquences. Ce principe est le *sens du devoir* (compris comme *honestum*). Il motive l'action de manière inconditionnelle et empêche l'homme d'errer (III.III.v-vi). Selon Reid, la voie du devoir est plus simple et plus claire que la voie tortueuse du calcul de nos intérêts : notre conscience ou sens moral en montre le chemin. Dans les deux cas, que nous agissions d'après la règle de l'intérêt ou la règle du devoir, notre capacité à nous soumettre à l'une d'elles suppose que nous soyons capables de concevoir une règle de conduite générale. C'est pourquoi ces deux principes d'action sont le propre d'êtres rationnels.

Cette mise au point étant faite, Reid montre qu'il n'y a d'action véritable que si notre volonté est guidée par des raisons ou principes d'action rationnels. Mais ce guidage ne compromet pas notre liberté : les motifs rationnels influencent nos actions, mais ils ne les déterminent pas. Ce sont bien les êtres humains qui sont des centres d'intentions. Les motifs les poussent, les incitent et les exhortent à agir, mais ils les laissent libres de choisir. Ils ne font pas pencher mécaniquement l'agent d'un côté ou de l'autre, « comme une balance subit l'action des poids » (IV.iv, p. 239). Leur influence est plutôt comparable à l'influence « d'un conseil ou d'un argument convaincant » (p. 237). Les motifs contraires peuvent « être comparés aux avocats du barreau qui plaident pour des causes opposées ». Ils font l'objet d'une interprétation et d'une discussion, pas d'une perception qui déterminerait les agents malgré eux. Par conséquent, leur influence est parfaitement compatible avec la liberté, elle la suppose même.

Mais la thèse libertarienne doit faire face à une objection tenace, selon laquelle elle n'expliquerait aucunement l'action. Aux yeux des nécessitaristes, une action libre serait une action faite sans motif, par pur caprice. Si les hommes étaient effectivement libres, alors leur conduite serait totalement inconséquente et les hommes seraient ingouvernables. Reid s'attache à montrer que la thèse libertarienne ne rend pas l'action mystérieuse, et que les hommes peuvent être libres tout en agissant d'après des motifs. À l'objection nécessitariste selon laquelle, pour départager certains motifs, il faudrait un motif supérieur, et donc que notre volonté soit déterminée par une volonté antérieure (IV.I, p. 220), Reid répond qu'on n'a pas besoin de motif supplémentaire pour choisir le motif final. Au terme d'une délibération, au cours de laquelle on évalue les conséquences d'une action faite pour tel ou tel motif, le motif rationnel s'impose de lui-même et surplombe les autres motifs : « Dès que nous avons la conception de notre intérêt, nous sommes amenés, en vertu de notre constitution, à le désirer et à le rechercher » (III.III.III, p. 182).

Cependant, Reid admet qu'on peut choisir d'agir contre son jugement rationnel. Il peut se faire que la volonté ne suive pas automatiquement le motif qui a le plus de poids (je peux voir le meilleur, l'approuver, mais suivre le mal : « *Video meliora proboque, deteriora sequor* », III. III.II, p. 177). Dans ce cas, ce choix n'est-il pas arbitraire et irrationnel ? Pour Reid, ce choix s'explique si nous prenons en compte le caractère de l'agent. Le caractère est la tendance d'un agent à agir d'après certains motifs, en suivant sa résolution et en se donnant un dessein ferme et général. L'homme vertueux est celui dont la résolution est de suivre les règles morales, et qui fait des efforts pour résister aux motifs animaux et diriger son attention dans la direction appropriée. Une telle vie morale est une véritable épreuve. « Tout homme qui conserve un caractère uniforme et consistant doit suer, peiner, et lutter contre son inclination présente » (III.II.VIII, p. 169). Il faut que nous apprenions à nous gouverner, faute de quoi, comme les animaux, nous sommes ballottés au gré du vent de nos appétits. L'éducation et les circonstances peuvent aider les hommes à développer l'habitude de résister aux motifs animaux, mais ce sont bien les individus qui *in fine* sont responsables de leur caractère. La preuve en est que s'ils échouent à suivre la résolution qu'ils se sont fixée, ils se désapprouvent et éprouvent du remords. Seule l'approche libertarienne permet de concilier le sentiment de responsabilité morale et la faiblesse de la nature humaine. Cependant, ces moments de faiblesse ne correspondent pas à des moments où les hommes cèdent aux motifs animaux ou à un pur caprice : les hommes sont toujours responsables, car en amont ils avaient la possibilité d'agir autrement.

Enfin, Reid précise qu'expliquer une action, ce n'est pas fournir une cause *nécessitante* de l'action, qui lierait indéfectiblement le motif et l'action (IV.IX). D'une part, l'explication qui relie un motif à une action ne peut être que probable (IV.X, p. 281). Il y a toujours un élément d'incertitude, puisque nous pouvons dévier de la voie que nous avions pourtant résolu de suivre. D'autre part, ce n'est pas parce que nous agissons d'après un motif que ce motif est la « cause » de la détermination de notre volonté. Un motif ne peut pas être une cause puisqu'il ne peut ni concevoir un projet ni avoir l'intention de l'exécuter. Seuls les agents sont de véritables causes efficientes.

Le sens de l'intérêt et le sens du devoir

La conscience, ou le sens du devoir, est la faculté morale de faire notre devoir pour lui-même, indépendamment de ses retombées sur nous. Selon Reid, le respect désintéressé du devoir est le seul principe moral approprié. Ce qui fait de l'homme un agent authentiquement moral, ce n'est pas qu'il accomplisse ce qui relève de son intérêt bien entendu, mais c'est qu'il fasse son devoir : « Être fermement résolu à faire son devoir en chaque occasion et adhérer inflexiblement à cette résolution, c'est être un homme parfait. » (II.IV, p. 89). Sur ce point, Reid prend ses distances avec l'eudémonisme des Anciens (Socrate) et l'utilitarisme (attribué aux Épicuriens et à Hume). Conformément à l'objectivisme moral, il estime que les actions qui contribuent à la réalisation du bien commun sont bonnes en elles-mêmes, indépendamment des effets qu'elles produisent. Le fait qu'elles réalisent le bien commun est simplement *le signe* de leur bonté intrinsèque.

Bien que le principe du devoir doive primer sur le principe de notre intérêt bien entendu, et bien qu'il s'agisse de deux principes d'action distincts, ils peuvent engendrer des suites d'actions identiques et produire le même genre d'existence. Reid remarque que ces principes sont co-extensifs. Ils « coopèrent et conduisent à la même conduite » (III.III.I, p. 173), en l'occurrence à la pratique des vertus individuelles (la prudence, la tempérance et la force d'âme, tournées vers le gouvernement de soi) et au développement des vertus sociales (la justice, l'humanité).

Qui plus est, ces deux principes d'action conduisent au bonheur. Le principe du devoir n'est pas en reste, puisque l'homme qui accomplit des actions vertueuses de manière désintéressée est *plus heureux* que celui qui réalise les mêmes actions en ne visant que son propre bien. Une telle idée suppose d'avoir confiance dans la bienveillance divine : on acceptera plus facilement de sacrifier une satisfaction immédiate en vue d'un bonheur futur, si nous croyons que le Créateur ordonne les choses de façon à ce que nos actions faites par devoir correspondent aux actions qui produisent le plus grand bonheur :

> Quant à l'hypothèse d'une opposition entre les deux principes gouvernants – c'est-à-dire, entre la recherche de notre plus grand bonheur et le sens du devoir – elle est purement fictive. Il ne peut y avoir une telle opposition. Dès lors que le monde est sous une administration sage et bienveillante, il est impossible qu'en fin de compte, quelqu'un soit perdant en remplissant son devoir. Quiconque croit en Dieu prendra donc soin de faire son devoir, et il pourra remettre en toute sécurité son bonheur entre les mains de Celui qui l'a créé. [...] Cela montre la forte connexion qui existe entre la moralité et les principes de la religion naturelle. (III.III.VIII, p. 213-214)

La croyance que « Dieu existe et est bon » est donc un grand « soutien de la vertu » (V.VII, p. 385). En exploitant une analogie que Reid utilise dans un autre contexte, on peut affirmer qu'un athée qui fait son devoir est sans conteste un agent moral (il est d'autant plus estimable que le conflit entre les deux principes directeurs est rude, puisqu'il n'est pas animé par la croyance en une administration sage et bienveillante), mais il est comparable à un diamant brut qui n'est pas parfaitement lustré, poli (III.III.VII, p. 200). Par contre, la croyance à l'existence de Dieu, à ses perfections et à sa Providence, ôte une inquiétude à l'agent et donne « à chaque règle du comportement juste l'autorité d'une loi divine » (V.I, p. 299). Elle contribue à installer en l'homme la disposition à la bonne humeur et à l'exaltation, qui fait défaut à l'athée.

Les conditions de l'approbation morale

Dans les quatre dernières sections de l'essai V (IV-VII), Reid reprend des réflexions qu'il avait développées à Aberdeen, et qui avaient été suscitées par la lecture du *Traité de la nature humaine* (III.II. 1-2) et de l'*Enquête sur les principes de la morale* de Hume. Dans ces textes, Hume montre que la justice n'est estimée qu'en raison de son utilité pour la société, qu'elle n'est pas un fait moral objectif et nécessaire, mais le produit d'une convention. Autrement dit, la justice serait une vertu artificielle. La réponse de Reid se fait en deux temps : il précise dans quelle mesure il y a des faits moraux objectifs et pourquoi l'obligation de la justice est naturelle.

Reid nous enjoint à distinguer la bonté d'une action considérée abstraitement, sans relation à un agent, de la bonté d'une action accomplie par un agent. Du second point de vue, il est clair qu'une action bonne est une action qui procède d'une intention bonne. Elle tire sa dénomination du motif pour laquelle elle est accomplie et elle implique une relation avec un agent (doué d'entendement et de volonté). Dans ce cas, il n'y a pas d'action bonne en elle-même, indépendamment du jugement que l'agent porte sur elle : une action moralement bonne est une action que l'agent *croit* moralement bonne. Pour autant, cela n'implique pas qu'il n'y ait pas d'action bonne en elle-même, c'est-à-dire abstraction faite des circonstances dans lesquelles elle est réalisée et de la motivation de l'agent qui l'accomplit. Il y a des actions qui constituent un devoir pour tout agent moral (c'est-à-dire pour tous ceux qui ont le pouvoir et l'occasion de les réaliser, et qui sont capables d'en percevoir l'obligation). C'est le cas par exemple du fait de porter secours à une personne en détresse : il s'agit d'un fait moral objectif et nécessaire, qui a des caractéristiques morales indépendamment de l'état d'esprit de l'agent qui le considère.

La défense de l'objectivisme moral conduit également Reid à préciser dans quelle mesure la justice n'est pas une vertu artificielle. Selon lui, « l'obligation de justice n'est pas dérivée uniquement de son utilité à procurer ce qui est agréable à l'individu ou à la société ». La vertu de justice (comme toute vertu) possède un mérite qui lui est propre. Elle emporte avec elle un devoir, une obligation morale qui lui est intrinsèquement attachée. Pour preuve, Reid souligne que nos sentiments de justice et d'injustice (le ressentiment, l'indignation) sont naturels, ils proviennent de notre conscience morale, qui est une faculté naturelle et fiable. Ils ne doivent rien à l'éducation ou aux habitudes acquises. « Ils ont une force égale chez les sauvages et dans les nations les plus civilisées » (V.v, p. 336). Nous percevons très tôt ce que sont le tort et une faveur, c'est-à-dire ce à quoi chaque homme a droit. Ainsi en est-il en tout cas de ces quatre branches de la justice, qui concernent les droits de chacun à voir respectées la sûreté de sa personne, la sûreté de sa famille, sa liberté et sa bonne réputation.

Reid examine ensuite ce qu'il en est de cette branche de la justice qui touche au droit de chacun à voir respectée la propriété de ses biens (p. 338-350). Le droit de propriété est un droit acquis, au sens où il ne se fonde pas sur la constitution de l'homme, mais sur ses actions. Mais à l'état de nature, l'homme éprouve un « juste ressentiment » à l'égard de ceux qui le dépossèdent de sa propriété ou des fruits de son travail (s'ils sont destinés à sa survie, à celle de ses proches, et s'ils ne privent pas les autres hommes des moyens nécessaires pour subsister). Par conséquent, dans ce domaine, ce n'est pas la considération de l'utilité publique qui fonde l'obligation d'être juste. C'est plutôt le devoir d'obéir aux lois antérieures aux sociétés civiles qui fonde le devoir de respecter la propriété d'autrui.

S'interrogeant sur le fondement de l'obligation morale à tenir nos promesses et à respecter nos engagements (V. VI), Reid montre enfin que ce sentiment d'obligation ne naît pas d'un calcul ou de la considération de notre intérêt. Il est naturel, « nous y sommes disposés de manière innée » (p. 358). Il est rendu possible par certaines opérations sociales de l'esprit, qui sont inscrites dans notre constitution.

Il y a en effet certains actes de l'esprit qui ne sont pas solitaires mais sociaux : ils impliquent nécessairement la croyance à l'existence d'autres esprits et ils sont communiqués dans un langage. C'est le cas de la promesse : l'expression verbale de la promesse *constitue* la promesse, elle ne fait pas qu'« assister et servir la promesse qui a été faite auparavant par la volonté » (p. 365). C'est la raison pour laquelle les bêtes sont incapables d'une telle opération sociale : elles n'ont pas de langage pour jurer fidélité à un engagement. Plus précisément, cette opération sociale peut s'exprimer par des mots ou des comportements : car tout comportement volontaire peut fonctionner comme un signe et donc créer des droits (le droit de réclamer son dû) et des obligations (l'obligation de tenir un engagement). Dans tous les cas, les mots et les comportements ont une force normative.

Dernière précision : quand nous établissons un contrat, nous exprimons notre volonté de nous engager et de nous lier à autrui, mais pas notre « volonté d'accomplir ce à quoi nous nous sommes engagés » (p. 359). Il ne faut pas confondre « la volonté de s'engager par contrat et la volonté ou l'intention de remplir cet engagement ». En effet, l'intention d'accomplir quelque chose est un acte solitaire de l'esprit, qui ne soumet pas la personne à une obligation. Mon intention de faire *x* ne m'oblige donc pas à faire *x*. L'intention de faire *x* « ne fait pas partie de la promesse. Ce qui fait une promesse, c'est le fait qu'elle soit exprimée avec sens à l'autre partie, qu'elle soit faite avec l'intention d'obliger, et qu'elle soit acceptée » (p. 364).

Jusqu'au bout, tel un dentellier de l'esprit, Reid aura donc démêlé les diverses opérations de l'esprit humain. Armé du scalpel de l'observation, de l'analyse et du langage commun, il aura travaillé à cartographier l'esprit humain et à exhiber des différences psychologiques cruciales.

BIBLIOGRAPHIE

ŒUVRES DE REID

The Edinburgh Edition of Thomas Reid, ed. Knud Haakonssen, comporte dix volumes :

Thomas Reid on the Animate Creation. Papers Relating to the Life Sciences, ed. Paul Wood, 1995.

An Inquiry into the Human Mind on the Principles of Common Sense, ed. Derek R. Brookes, 2000.

Essays on the Intellectual Powers of Man, ed. Derek R. Brookes and Knud Haakonssen, 2002.

The Correspondence of Thomas Reid, ed. Paul Wood, 2002.

Thomas Reid on Logic, Rhetoric and the Fine Arts. Papers on the Culture of the Mind, ed. Alexander Broadie, 2004.

Thomas Reid on Practical Ethics, ed. Knud Haakonssen, 2007. Édition révisée de *Thomas Reid on Practical Ethics : Being Lectures and Papers on Natural Religion, Self-Government, Natural Jurisprudence and the Law of Nations*, ed. Knud Haakonssen, Princeton University Press, 1990.

Essays on the Active Powers of Man, ed. Knud Haakonssen and James A. Harris, 2010.

Thomas Reid on Society and Politics, ed. Knud Haakonssen and Paul Wood, 2015.

Thomas Reid on Mathematics and Natural Philosophy, ed. Paul Wood, 2017.

Thomas Reid and the University, ed. Paul Wood, 2021.

Autres textes et éditions

HAMILTON William, *The Works of Thomas Reid with Notes and Supplementary Dissertations*, Hildesheim, Zürich, New York, Georg Olms Verlag, 1983 [8e édition de 1895].

"Of Power", *The Philosophical Quarterly*, 51, 2001, p. 1-12.

"The Papers of Thomas Reid" : numérisation des textes de la *Birkwood Collection* de la bibliothèque de l'Université d'Aberdeen.

https://www.abdn.ac.uk/diss/historic/Thomas_Reid/index.hti

Traductions françaises

Essais sur les facultés intellectuelles de l'homme, trad. T. Jouffroy (1836), Paris, L'Harmattan, 2007.

Les textes cités dans le présent ouvrage sont tirés d'une nouvelle traduction, à paraître chez Vrin : *Essais sur les pouvoirs intellectuels de l'homme*, trad. C. Etchegaray, M. Malherbe et A. Thébert.

Essais sur les pouvoirs actifs de l'homme, trad. G. Kervoas et E. Le Jallé, Paris, Vrin, 2009.

Recherches sur l'entendement humain d'après les principes du sens commun, trad. M. Malherbe, Paris, Vrin, 2012.

« Leçon sur la *Théorie des sentiments moraux* du Dr Smith », trad. L. Jaffro, *Revue de métaphysique et de morale*, 2021/2, p. 239-255.

ÉTUDES SUR REID

Ouvrages

AROSIO Elisabetta, MALHERBE Michel (éd.), *Philosophie française et philosophie écossaise, 1750-1850*, Paris, Vrin, 2007.

BARKER Stephen F., BEAUCHAMP Tom L. (eds.), *Thomas Reid : Critical Interpretations*, Philadelphia, Philosophical Monographs 3, 1976.

BARY Philip de, *Thomas Reid and Scepticism. His Reliabilist Response*, London, Routledge, 2002.

BOW Charles Bradford (ed.), *Common Sense in the Scottish Enlightenment*, Oxford, Oxford University Press, 2018.

BROADIE Alexander (ed.), *The Cambridge Companion to The Scottish Enlightenment*, Cambridge, Cambridge University Press, 2003

BROADIE Alexander, *Agreeable Connexions : Scottish Enlightenment Links with France*, Edinburgh, Birlinn, 2012.

COPENHAVER Rebecca, BURAS Todd (eds.), *Thomas Reid on Mind, Knowledge and Value*, Oxford, Oxford University Press, 2015.

COUSIN Victor, *Philosophie écossaise*, Elibron Classics, 2005 [4e édition de 1864].

CUNEO Terence, *Thomas Reid on the Ethical Life*, Cambridge, Cambridge University Press, 2020.

— VAN WOUDENBERG René (eds.), *The Cambridge Companion to Thomas Reid*, Cambridge, Cambridge University Press, 2004.

DALGARNO Melvin, MATTHEWS Eric (eds.), *The Philosophy of Thomas Reid*, Dordrecht, Kluwer, 1989.

DANIELS Norman, *Thomas Reid's Inquiry : The Geometry of Visibles and the Case for Realism*, Stanford, Stanford University Press, 1989.

FIESER James (ed.), *Scottish Common Sense Philosophy. Sources and Origins* (5 vol.), Bristol, Thoemmes Press, 2000.

FRASER Campbell, *Thomas Reid*, Edinburgh-London, Oliphant, Anderson & Ferrier, 1898.

GALLIE Roger, *Thomas Reid and « The Way of Ideas »*, Dordrecht, Kluwer Academic Publishers, 1989.

– *Thomas Reid : Ethics, Aesthetics and the Autonomy of the Self*, Dordrecht, Kluwer Academic Publishers, 1998.

HALDANE John, READ Stephen (eds.), *The Philosophy of Thomas Reid. A Collection of Essays*, Malden (MA), Blackwell Publishing, 2003.

HOUSTON Joseph (ed.), *Thomas Reid. Context, Influence, Significance*, Edinburgh, Dunedin Academic Press, 2004.

JAFFRO Laurent, *La couleur du goût*, Paris, Vrin, 2019.

LEHRER Keith, *Thomas Reid*, London-New York, Routledge, 1989.

MARCIL-LACOSTE Louise, *Claude Buffier and Thomas Reid : Two Common-Sense Philosophers*, Kingston-Montréal, McGill-Queen's, 1982.

MCDERMID Douglas, *The Rise and Fall of Scottish Common Sense Realism*, Oxford, Oxford University Press, 2018.

NICHOLS Ryan, *Thomas Reid's Theory of Perception*, Oxford, Clarendon Press, 2007.

ROESER Sabine (ed.), *Reid on Ethics*, Basingstoke, Palgrave Macmillan, 2010.

SCHULTHESS Daniel, *Philosophie et sens commun chez Thomas Reid*, Berne, Peter Lang, 1983.

SETH PRINGLE-PATTISON Andrew, *Scottish Philosophy. A Comparison of the Scottish and German Answers to Hume*, Edinburgh, Blackwood, 1899 (3e ed.).

VAN CLEVE James, *Problems from Reid*, New York, Oxford University Press, 2015.

WOLTERSTORFF Nicholas, *Thomas Reid and the Story of Epistemology*, Cambridge, Cambridge University Press, 2001.

YAFFE Gideon, *Manifest Activity. Thomas Reid's Theory of Action*, Oxford, Oxford University Press, 2004.

YOLTON John, *Perceptual Acquaintance from Descartes to Reid*, Minneapolis, University of Minnesota Press, 1984.

Numéros spéciaux de revues

« Thomas Reid », Haldane John (ed.), *American Catholic Philosophical Quarterly*, 74/3, 2000.

« New Essays on Reid », Rysiew Patrick (ed.), *Canadian Journal of Philosophy*, 41/1, 2014.

Articles

ALSTON William P., « Thomas Reid on Epistemic Principles », *History of Philosophy Quarterly*, vol. 2, n°4, 1985, p. 435-452.

BURAS Todd, « Revisiting Reid on Religion », *The Journal of Scottish Philosophy*, vol. 19, n°3, 2021, p. 275-291.

COPENHAVER Rebecca, « A Realism for Reid : Mediated but Direct », *British Journal for the History of Philosophy*, vol. 12, n°1, 2004, p. 61-74.

– « Is Reid a Mysterian ? », *Journal of the History of Philosophy*, vol. 44, 2006, p. 449-466.

DEROSE Keith, « Reid's Anti-Sensationalism and His Realism », *The Philosophical Review*, vol. 98, n°3, 1989, p. 313-348.

ETCHEGARAY Claire, « La critique du modèle perceptif de nos opérations mentales chez Thomas Reid », *Les Études philosophiques*, n°3, 2017, p. 437-458.

– « Ce que cela fait de voir et la science de la perception selon Thomas Reid », *Astérion*, n°25, 2021, URL : http://journals.openedition.org/asterion/7506

GIDE Benoît, « La critique naturaliste du scepticisme humien chez Thomas Reid », *Archives de philosophie*, 2015/4, n°78, p. 597-613.

GRECO John, « How to Reid Moore », *The Philosophical Quarterly*, vol. 52, n°209, 2002, p. 544-563.

JAFFRO Laurent, « Reid on Powers of the Mind and the Person behind the Curtain », *Canadian Journal of Philosophy*, vol. 41, n°S1, 2014, p. 197-213.

— FREITAS França Vinícius, « Why Thomas Reid Matters to the Epistemology of the Social Sciences », *The Philosophical Quarterly*, vol. 70, n°279, 2020, p. 282-301.

KROEKER Esther, « Reid on Natural Signs, Taste and Moral Perception », dans S. Roeser (ed.) 2010, p. 46-66.

MALHERBE Michel, « Reid et la possibilité d'une philosophie du sens commun », *Revue de métaphysique et de morale*, n°4, 1991, p. 551-571.

POORE Gregory, « Theism, Coherence, and Justification in Thomas Reid's Epistemology », dans R. Copenhaver, T. Buras (eds.) 2015, p. 213-231.

RYSIEW Patrick, « Reid and Epistemic Naturalism », *The Philosophical Quarterly*, vol. 52, n°209, 2002, p. 437-456, reproduit dans J. Haldane, S. Read (eds.) 2003.

– « Common Sense in Reid's Response to Scepticism », *Revue philosophique de la France et de l'étranger*, n°146, 2021/1, p. 33-47.

THÉBERT Angélique, « The Defense of the First Principles of Common Sense in Reid's Epistemology : A New Use for Track-Record Arguments », dans R. Copenhaver, T. Buras (eds.) 2015, p. 193-212.

– « La critique reidienne de l'explication physiologique de la perception », dans C. Chérici, J.-C. Dupont, C. T. Wolfe (éd.), *Physique de l'esprit. Empirisme, médecine et cerveau (XVIIe-XIXe siècles)*, Paris, Hermann, 2018, p. 83-99.

– « Le moi ne tient-il qu'au fil de la conscience ? L'héritage cartésien de Locke et Reid sur l'identité personnelle », dans K. S. Ong-Van-Cung (éd.), *Les formes historiques du cogito (XVIIe-XXe siècles)*, Paris, Classiques Garnier, 2019, p. 145-168.

– « Common Sense, Scepticism and Deep Epistemic Disagreements », *International Journal for the Study of Skepticism*, vol. 10, n°2, 2020, p. 129-155.

– « Reid et le langage des philosophes », *Klēsis*, 2024.

Entrées d'encyclopédies en ligne

NICHOLS Ryan, YAFFE Gideon, "Thomas Reid", *The Stanford Encyclopedia of Philosophy* (summer 2021 edition), Edward N. Zalta (ed.), url = <https://plato.stanford.edu/archives/sum2021/entries/reid/>.

THÉBERT Angélique, « Reid (gp) », dans M. Kristanek (dir.), *l'Encyclopédie philosophique*, 2020, https://encyclo-philo.fr/reid-gp

AUTRES TEXTES

ALSTON William P., *Perceiving God. The Epistemology of Religious Experience*, Ithaca-London, Cornell University Press, 1991.

CHISHOLM Roderick, *Perceiving. A Philosophical Study*, Ithaca-New York, Cornell University Press, 1957.

HAMOU Philippe (éd.), *Idées, perception et réalité. Essais sur Locke*, Paris, Ithaque, 2021.

PASNAU Robert, *After Certainty. A History of Our Epistemic Ideals and Illusions*, Oxford, Oxford University Press, 2017.

PLANTINGA Alvin, *Warrant and Proper Function*, New York-Oxford, Oxford University Press, 1993.

POUIVET Roger, *Qu'est-ce que croire ?*, Paris, Vrin, 2003 (avec un commentaire d'un texte des *Recherches* portant sur le témoignage et la crédulité).

SOSA Ernest, *A Virtue Epistemology : Apt Belief and Reflective Knowledge*, vol. 1, Oxford, Oxford University Press, 2008.

– *Reflective Knowledge : Apt Belief and Reflective Knowledge*, vol. 2, Oxford, Oxford University Press, 2009.

STRAWSON Peter, *Individuals : An Essay in Descriptive Metaphysics*, London, Routledge, 1959.

INDEX DES NOTIONS

INDEX DES NOMS

TABLE DES MATIÈRES

Achevé d'imprimer en novembre 2024
sur les presses de
La Manufacture - Imprimeur – 52200 Langres
N° imprimeur 240864 – Dépôt légal : novembre 2024
Imprimé en France